阳城汤庙

中国先秦史学会
《析城山文化丛书》编委会 编

文物出版社

封面设计　隗　伟

责任印制　陆　联

责任编辑　李　诤

图书在版编目（CIP）数据

阳城汤庙/中国先秦史学会，《析城山文化丛书》编委会编．－北京：文物出版社，2012.8
ISBN 978-7-5010-3498-7

Ⅰ．①阳… Ⅱ．①中… ②析… Ⅲ．①寺庙－介绍－阳城县 Ⅳ．①K928.75

中国版本图书馆CIP数据核字(2012)第155605号

阳城汤庙

中 国 先 秦 史 学 会
《析城山文化丛书》编委会　编

*

文 物 出 版 社 出 版 发 行

北京市东直门内北小街二号楼

邮政编码：100007

http://www.wenwu.com

E-mail：web@wenwu.com

北京燕泰美术制版印刷有限责任公司制版印刷

新 华 书 店 经 销

889×1194　1/16　印张：20　插页：1

2012年8月第1版　2012年8月第1次印刷

ISBN 978-7-5010-3498-7　定价：390.00元

《析城山文化丛书》编委会

《阳城汤庙》编委会

主　　编：范忠胜

执行主编：牛安胜　武忠明

编　　辑（以姓氏笔画为序）

　　　　王小圣　李庆红　张学敏

序

　　山西省阳城地区，许多村镇乡里或名山崇峻间都建有商汤庙，自宋元以来有记载的即达380多处，至今尚保存有百处以上。阳城毗邻的泽州及邻近的高平市，也有一些商汤庙，如始建于元代的泽州西太阳村的汤帝庙，始建于宋代的高平市马村镇康营的成汤庙，等等，但就其分布地域而言，可视为阳城商汤庙落群的外延散布点。许多汤庙中还保存有大量碑碣、门额和楹联，不少出自历代名人之手，具有重要史学、文学与书法艺术价值。

　　商汤是三千年前商王朝的开国之君。《竹书纪年》说："汤有七名而九征。"历史文献中商汤的名字有称"天乙"（《殷本纪》）、"成汤"（《尚书·酒诰》）、"汤"（《世本》）、"唐"（《归藏》）、"武汤"（《诗·商颂·玄鸟》）、"武王"（《诗·商颂·长发》）、"履"（《墨子·兼爱》）。商周甲骨金文与战国简牍中则称之"大乙"、"成"、"唐"、"成唐"、"成康"、"康"等。据史传，商汤的建国方略，在于唯贤是用，立"汤之官刑"（《墨子·非乐上》）推行法治，努力争取四方异姓国族的归附，以德获取民心拥戴，壮大了商族的力量，终于伐灭暴夏，建立"四方之极"的商王朝。《史记·夏本纪》称"汤修德，诸侯皆归商。"《墨子·非攻下》说："汤奉桀众，以克有（夏），属诸侯于薄（亳），荐章天命，通于四方，而天下诸侯莫不宾服。"《吕氏春秋·用民》直称"汤武非徒能用其民也，又能用非己之民。"清华战国简《尹诰》简文谓商汤扬弃"夏之金玉日（实）邑"，而采纳了"致众于亳中邑"。凡此正是商汤成功开创商国大业的关键所在，成为后世帝王的楷模，这也是商汤深受后人景仰的原因。

　　商汤的"民本"理念，曾经在一场旷日持久的天旱大灾中得到彰显。《墨子·七患》云："汤五年旱，此其离（罹）凶饿甚矣。"《尸子》云：商汤"救旱也，乘素车白马，著布衣，身婴白茅，以身为牲，祷于桑林之野。"《淮南子·主术训》说："汤之时，七年旱，以身祷于桑林之际，而四海之云凑，千里之雨至。"《吕氏春秋·顺民》有所谓汤祷旱文云："昔者汤克夏而正天下，天大旱，五年不收，汤乃以身祷于桑林，曰：余一人有罪，无及万夫，万夫有罪，在余一人，无以一人之不敏，使上帝鬼神伤民之命。于是剪其发，鄌其手，以身为牺牲，用祈福于上帝……雨乃大至。"讲商汤为了抗御大旱，甘愿牺牲自我，象征性地剪发断指甲祷雨，为民祈福求平安。

商汤桑林祷雨的地点，据《阳城县志》卷一云："《禹贡》冀州之域析城、王屋并在县境。商冀州之域相传为畿内地，曰桑林，汤祷雨处。"又云："析城山，在县西南七十里……乐史《寰宇记》云：山顶有汤王池，相传成汤祷雨处。池四岸生龙须草，今则祷雨辄应，每仲春数百里外皆来汤祠取神水，归以祈有年。"阳城域内析城山有所谓桑林及汤祠、汤王池等遗迹，相传为商汤祷雨处，宋代每逢仲春之时犹见追祭活动。析城山汤庙原保存有北宋徽宗政和六年（1116年）四月镌刻的《敕封碑》，文云："敕中书省、尚书省三月二十九日奉圣旨，析城山商汤庙可特赐广渊之庙为额，析城山山神诚应侯可特封嘉润公。奉敕泽州阳城县析城山神诚应侯。……言念析山，汤尝有祷，斋戒发使，矢于尔神，雨随水至，幽畅旁浃，一洗旱沴，岁用无忧。夫爵以报劳，不以人神为间也，进封尔公，俾民赖事，可特封嘉润公。"山西省阳城地区在商代属于王畿区范围，这一带流传着三千多年前的商代开国之君商汤的传说故事，以及历代祭祀商汤的大量遗迹与遗存，应该是有一定的史影背景的。

阳城地区以商汤庙落古建群及其历代碑碣为主体的"商汤文化资源"，源远流长，文脉清晰。汤庙、汤祠及商汤行宫等古建的年代可上追到宋元以前，数量众多、庙落密布，为全国之最，是珍贵的历史文物遗迹和非常值得珍视的地方文化遗产，也是极为难得的有待全面保护和有序开发的人文景观资源，全国没有第二位可比，绝无仅有，是唯一性的！这是阳城独具特色的地方专有文化名片。

文化因人而产生，当其作为传统以后，文化一直是在抚育着人类。文化问题从来就是关系全局、关系长远、关系根本利益的问题，归根结底是科学发展的问题。重视对现存汤庙、汤祠及商汤行宫等古建群的分布现状及其碑碣等文化资源的调研，有助于促进"阳城商汤文化资源"的保护、开发与弘扬，扩大地方历史文化遗产的知名度，可以促进当地的文化开发，但根本出发点是为建设好、保护好居住在这里的人们的生活家园与精神家园，包括物质环境、生态环境、生活环境和文化环境，激发阳城人民的"归属感"、"自豪感"与"责任感"，激励阳城人民建设家园的积极性与创造性，造福当代，功在民生。

阳城商汤庙落群文化，深深根植于乡土民俗的社会生活中，对外产生着无限的文化魅力。我们衷心期望阳城地方政府和人民能够大力弘扬阳城商汤文化，珍视、保护、传承、开发、利用好这份全国唯一性的历史文化资源，围绕彰示商汤庙落群分布的人文遗产与乡土胜迹，做好"阳城商汤文化"这篇大文章，利用好相关的有形和无形"历史文化财产"，精心维护阳城商汤历史文化遗迹与生存环境，保护开发民间民俗资源，全面规划、逐步建设好相关配套设施，为促进阳城地区社会经济发展和文化繁荣而不懈努力。

宋镇豪

写于中国社会科学院历史研究所

前　言

　　阳城为古之濩泽，处黄河中游中华民族发祥之区，居太行、太岳、中条三山交会处，商时为京畿之地，历史悠久，文化厚重，是上古、远古时期中华各民族最早风云际会的地方。舜、禹、汤、周穆王等古代君王，曾亲临其境，留下了许多脍炙人口的神奇故事和动人传说，其中以商汤祷雨析城山之传说影响最大，流传最广。商汤自焚祷雨桑林的感人事迹深深扎根在析城山上，继而物化为一座座汤庙建筑，刻载凝结于碑碣楹联之中，变成凝固的历史流传了下来，成为中华民族的永久记忆，是我们研究商汤雩祭文化独特的宝贵资源。

　　纵观阳城汤庙建筑产生、沿革和发展的历史以及阳城商汤雩祭文化形成的脉络，主要有四大特点：

　　一是历史悠久，地位崇高。阳城的汤庙始建于何时已无据可考，但从明代小说《禅真逸史》中关于镇南大将军林时茂在析城山汤庙旁寺院出家的描写推测，在东魏时（550）析城山上已有汤庙，距今已有一千四百多年的历史了。据北宋政和六年（1116）宋徽宗的敕封碑，至晚到北宋时析城山汤庙已经成为国家级祷雨圣地。据原存于析城山汤庙中的元至元十七年（1280）《汤帝行宫碑记》，碑中开列了山西、河南等地84道行宫的名录，其中阳城的汤帝行宫有12道，而商朝初期的都城偃师在名录中也仅为一道普通行宫。在碑中未具析城行宫，充分显示了其中心庙宇的地位，其他地方的"汤帝行宫"或汤庙则以攀附析城山为荣，如泽州大阳汤庙就以"小析山"称谓。

　　二是规模宏伟，形制各异。早期的阳城汤庙建筑规模都不大，形制也简单。后边设大殿，两边有厢房，前面辟大门。大殿之前筑献亭，以为举行雩祭仪式用。到了金元时，随着大型戏剧的形成并且成为酬神的重要形式后，始在大门之内设戏台。戏台设在台座上，台座为实砌，形制多不大。之后在明代及清初的400余年时间里，没有发生大的改进和变化。阳城汤庙建筑形式的重要变革主要发生在清代。到了清代中晚期，具有地方特色的民居四合院的建筑手法、风格已成熟，民居四合院的建筑风格和手法同时融入到了阳城汤庙以及其他神庙的建筑形式中。改进后的汤庙一般由大殿、耳殿、配殿、拜亭、舞楼以及乐楼所组成。汤庙规格以村庄大小、人口多寡、物力财力厚薄来确定。大殿多为悬山顶，面阔多三间，建于高出地面的台基上。戏台则被高大的戏楼所代替，并以作倒座，不另设大门。大门的形式也不同。一般在戏楼的底层辟大门，下设台基和踏垛，上面做成单坡歇山顶式垂花门（或设门廊）。规模较小的，只在戏楼一侧设偏门。规模较大的，除了戏楼下的大门外，又在两侧辟偏门，形成中为大门，两边为东西华门的布局。有的还在两侧建有钟鼓楼。

三是数量众多，分布广泛。据史料典籍载，宋元以来，阳城里里皆有汤庙。总数达到380多座，目前尚存百余座。这些汤庙或立于名山峻岭之巅，或建于高岩大龛之下，或设于大邑重镇之地，或布于里社村庄之中，几乎凡有人居住之地皆有汤庙或祀有汤王。

四是雩祭文化，丰富多彩。自商汤祷雨析城以后，邑内百姓崇汤祈雨之风千百年来世代相传，经久不衰，并逐渐演变成了仪式不同、各具特色的祭祀商汤文化。其中，析城山汤庙一年两次春祈秋报大型庙会历史最久，规模最大。农历每年五月十二为春祈庙会，七月十五为秋报庙会，析城山周边十二大社五小社轮流主办。每次庙会，各社首负责，每家每户捐钱纳粮，主办方由驾岭乡南峪村汤王阁出发，抬着身着金黄蟒袍的汤王走像沿社巡游，各社依次献贡品、烧香还愿。12个羊场各送一只羊到马刨渠庙拜斩，最后送上析城山汤庙神坛献供。祈祷许愿者在汤庙拜祭完毕后，到汤池祷取神水，然后用龙须草塞住瓶口，恭恭敬敬带上返回。其间，圣王坪上人山人海、热闹非凡，看戏、看故事、踏草甸、赏胭粉、燃篝火、尽情玩乐。庙会结束后，脱下汤王走像身穿的蟒袍，交下届庙会主办方社首保存，汤王走像由汤庙道士抬回南峪村汤王阁上供奉。以此为范例，各地也演绎出各具特色的雩祭和祭祀形式：换水、走水、过赛、打潭、洗龙头、刷天池、浇龙王、偷龙王、偷抹布、请佛爷、接碛爷等，五花八门，丰富多彩。如今，蟒河镇流传下来一个由307人组成的换水活动的仪仗清单，各种行头、仪仗列表详细，据此可还原当时的场景，非常珍贵。

基于商汤崇拜的普遍性和重要性，自古以来，遍及全县城镇乡村的汤庙建筑，在全县政治、经济、宗教、文化、教育等方面发挥了重要的功能和作用。

——众神之庙、精神家园。邑内汤庙均以商汤为主神，配之以关帝、牛王、马王、龙王、高禖、蚕姑、药王、风神、雷神、黑虎、山神诸神。充分满足了当地百姓对多神崇拜的精神需求。现存的数百块碑碣中珍贵的记载，穿越时空，真实地、全景式地还原了当时有钱出钱、有物捐物、有力出力、有智出智的建设场景。从捐几亩地到捐梁、柱、檩、椽、砖、瓦，从捐几文钱到捐一斤面，不论贫富高低贵贱，各尽所能，倾心尽力，万众一心。在建设汤庙的过程中，民众的心灵得到了净化，精神得到了慰藉，人际关系达到了和谐，建设汤庙的初衷和目的性达到了高度统一。

——高台教化，酬神娱众。发端于民间的迎神赛社活动，随着历史的演进不断发展和完善，到金元以后，大型戏剧的形成，大大加快了宗教仪式戏剧化和祀神戏剧仪式化的进程，最终成为酬神的重要形式，使汤庙成为了高台教化、酬神娱众的重要场所。春祈秋报的酬神祭祀活动最终也以庙会的形式固定下来。祀神大戏既是酬神的仪式，也成为百姓重要的喜庆节日。每逢庙会，四里八乡奔走相告，男女老少欢聚汤庙。台上或是连本大剧，或是乡间小剧，或是高亢嘹亮，或是低吟浅唱。通过老百姓喜闻乐见的戏剧形式，使观剧者在不知不觉中受到春风化雨、润物无声般的教化。此外，庙会还带动了物资交流，成为人流、物流、信息流完美融合的民间活动，对促进经济社会的发展起到了积极作用。

——调解民事，处理村务。现存碑碣显示，汤庙不仅是酬神祭祀的宗教场所，也是村务活动的中心。凡里、社之大事、要事，如规定祭祀制度、制定村规民约、本社财务收支、选举村务人员等活动，皆在此进行。现存于孔池村汤庙耳殿的一方石碣中就详细记载了选举催头的全过程。

——开蒙训导，兴学育人。旧时，由于教育不发达，大多数有文化的人都集中于庙宇管理人员当中，汤庙自然成为了开蒙教育的场所。到了抗日战争时期，在共产党的领导下，文化普及活动迅速兴起，因陋就简地利用汤庙现成的房屋兴办教育成为普遍现象。如王曲村汤庙即是太岳师范旧址。新中国成立以后，直到改革开放之前，大多数中小学仍然在庙中办校，汤庙建筑在新的历史条件下又发挥了历史性的作用。

——艺术宝库，文化遗产。阳城汤庙建筑群，凝结了古代先民的智慧，集中展现了千百年来积累的建筑、雕刻、雕塑、绘画、文学、民风民俗、历史信息等物质文明和精神文明成果，是内涵丰富的艺术宝库，是弥足珍贵的文化遗产。

巧夺天工的建筑艺术。现存的近百座汤庙，跨越千百年历史，从宋、金、元、明、清到中华民国的建筑样式均可找到范例，可谓之古代建筑博物馆。其中，郭峪、上伏、中庄、下交、泽城诸汤庙规模宏大、建筑精巧，为建筑华美之代表；析城山、黄堂汕汤庙，一个建于高山之巅，一个建于高岩大龛之下，建筑难度极大，令人震撼；下交汤庙舞楼中断梁断柱的翻修技术较为少见。

　　精湛绝伦的雕刻艺术。现存汤庙中较为完整地保留了大量雕刻精美的石雕木雕构件。如：高凹、桑林、土洄、下交、上芹、南大峪诸庙，石柱大多刻有楹联和民间传说故事，或阳雕、或阴雕、或线刻，手法细腻，技艺精湛。有的柱础为大象、狮子、麒麟等瑞兽，雕刻得栩栩如生。再如：南留、泽城等庙，多层镂空雕刻的云龙、龙头等，活灵活现、呼之欲出。

　　生动传神的绘画艺术。绘于各个汤庙中反映汤王事迹的壁画原有很多，但绝大多数已毁于"文化大革命"时期，现在泽城汤庙正殿东西山墙上两幅画面生动地描绘了汤王出巡的场景，其中汤王居中间的华盖之下，面相庄严而慈祥，随从队伍威武雄壮，旌旗飘舞，场面宏大。

　　章法多样的书法艺术。现存于汤庙中的门额、楹联和大量碑碣。汤庙门额题字，大多为楷体或行楷，字迹遒劲有力；石柱楹联字迹有楷体、行楷，少数为行草，或清新脱俗，或行云流水；碑碣大多为楷书，字迹工整，少数为宋体、草书，字迹或银钩铁划，或飘逸潇洒，有很高的观赏价值。

　　堪为范本的文学艺术。阳城汤庙的碑文大多出自历史名人或进士、举人等饱学之士之手，文风迥异，有较高文学价值。杨继宗、王玹、李翰、田从典等历史名人，引经据典、文风严谨，堪为碑文之范本。有的虽出自布衣却偶有传神妙笔，如下寺坪汤庙创修碑有"万叠云山，一弯流水，田耕陌上，犊牧溪边"的状景之句。东冶汤庙中金大定年间、南留汤庙中元延祐年间的壁碑，前为记事，后为歌颂汤王的铭文，也较为罕见。

　　不可再生的珍贵史料。分布在全县的一座座汤庙的门额、楹联、碑碣，历经千百年风雨沧桑保存到今实属不易，弥足珍贵。如宋徽宗的敕封碑仅存一方，汤帝行宫碑仅存拓片一份；杨继宗、王玹、李翰、田从典等历史名人的碑文存世稀少；粗大的荆木梁和析城山汤庙残碑中："虎豹往来之境……"、华树坪汤庙碑上"砥柱绝顶之上古建成汤庙"等历史信息，间接地反映了古代阳城的生态状况和汤帝庙的分布状况；一些碑碣记载着兵灾、匪患、奇荒等历史事件。这些都是我们研究商汤雩祭文化的重要依据，都是宝贵的历史文化遗产。

阳城汤庙，历经辉煌，在阳城历史文化发展过程中书写了璀璨的一页，但随着岁月更迭，风雨摧残，大多已破败不堪，面目全非，残缺不全，岌岌可危。我们挖掘整理商汤文化，编辑出版《阳城汤庙》，对于传承优秀文化传统，增强全社会文化遗产保护意识，推动旅游产业的发展，都具有积极意义。

本书共收录阳城汤庙建筑、碑文、楹联、壁画、雕刻等照片500余幅，汤庙介绍95篇，并按照历史朝代及时间先后顺序排列。力求图文并茂，全面、系统、真实、直观地反映阳城汤庙建筑群的现实状况，为研究商汤文化产生、发展、传承情况提供真实可信的资料。

由于时间紧、任务重、人手少、水平有限，难免有谬误和疏漏，敬请读者指正。

《析城山文化丛书》编委会

二〇一二年七月

目 录

析城山汤帝庙

析城山汤帝庙位于县城西南 35 公里处析城山顶，始创年代无考，为县境内最早的汤庙之一。但从明代小说《禅真逸史》中关于镇南大将军林时茂在析城山汤庙旁寺院出家的描写推测，在东魏时（534～550）析城山上就应有汤庙，距今应有一千四百多年的历史。北宋政和六年（1116）宋徽宗的"敕封碑"赐"广渊之庙"额，析城山汤庙已经成为国家级祷雨圣地。原存于析城山汤庙中的元至元十七年（1280）《汤帝行宫碑记》，开列了山西、河南等地八十四道行宫的名录，其中阳城的汤帝行宫有 12 道，商朝初期的都城偃师在名录中也仅为普通行宫一道。在碑中未具析城行宫，充分显示了其中心庙宇的地位，其他地方的"汤帝行宫"或汤庙则以攀附析城山为荣。鼎盛时，汤帝庙与山神"嘉润公祠"二庙共有建筑"二百余楹"，后毁于宋金易代兵燹及野火。后世虽有重修，但未能达到原来之规模。

原汤庙在汤池西，现存汤庙在汤池东，建筑多为明清时期遗存。其中，大殿已毁，据原有照片显示，大殿面阔五间，进深六架椽，单檐悬山屋顶，琉璃施脊，脊中置有"汤帝行宫"铭文的琉璃构件。廊柱六根为石柱，殿内金柱四根为木柱。平柱石刻楹联：桑林祈祷千古共传六事雨，苞糵尽除万载犹忆一征衣。

两侧耳殿各三间，不施斗拱，为平房。东西厢房原为双层楼房，上下各十间，今只为单层平房。

舞楼面阔三间，深四椽。硬山屋顶，施素瓦。下层为大门过道，中间辟大门。双侧耳房各三间，均为双层楼房。

北宋政和六年（1116）宋徽宗的"敕封碑"现存横河镇文化站。元至元十七年（1280）《汤帝行宫碑记》孤本拓片现存山西师范大学考古研究所。庙中现存碑碣 20 余通。

汤帝庙俯视

施衍　勅下廣祝廟　勅如右牒到奉　民貽事可特封　勞不以瀿神為　泆一洗旱涂歲　發使矢于爾神　神不樂言念斬　風興夜寐疾煦　失退而自咎惟

四月三日卯時禮部　行前批巳降　嘉潤公奉　間也進封爾公俾　用無憂夫爵以報　南随水至幽暢旁　子湯嘗有傳齋戎　寄處瘞走群祀廉戒　春闖雨穑事是懼

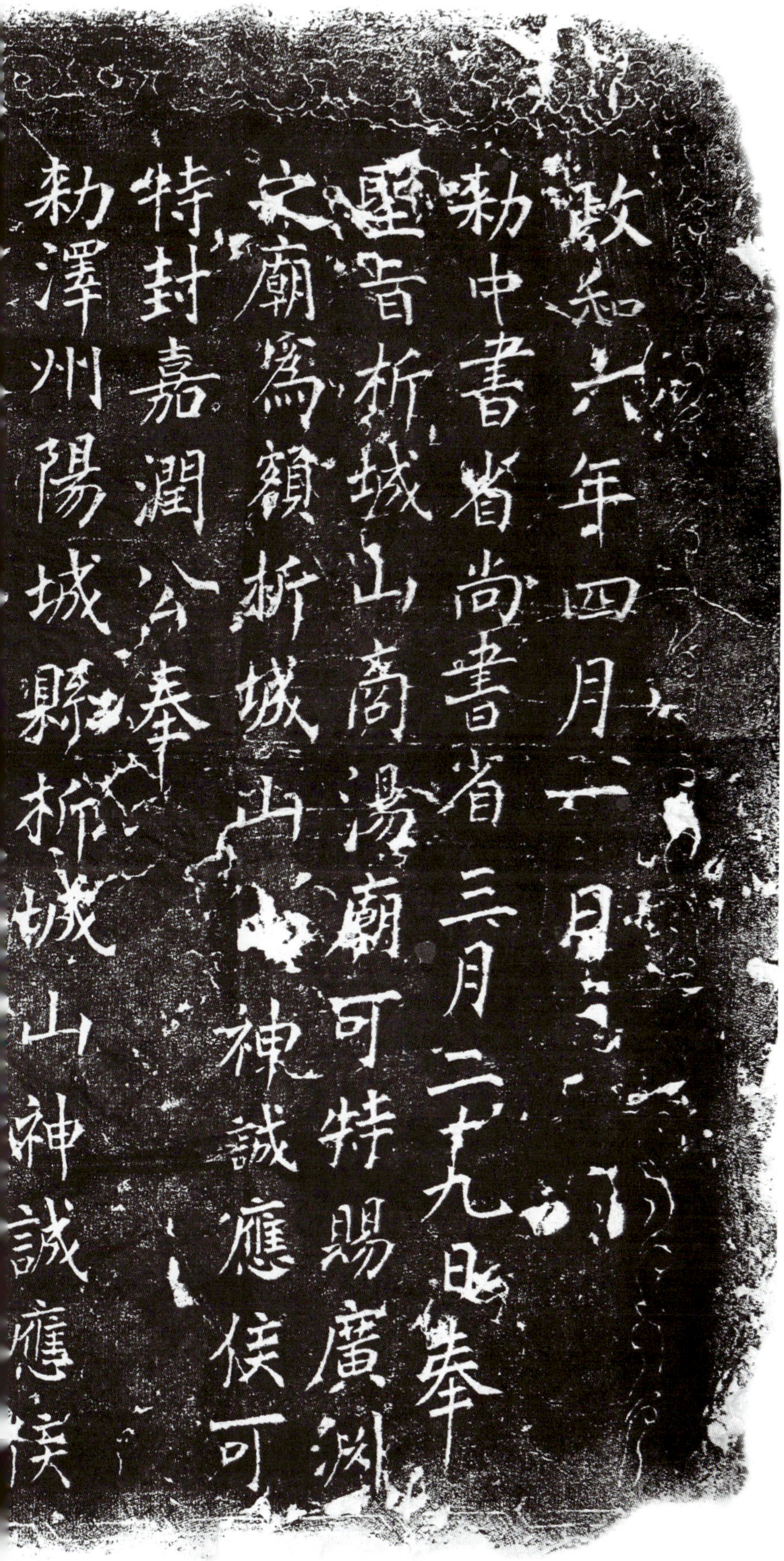

敕知六年四月一月□

敕中书省尚书省三月二十九日奉

圣旨析城山商汤庙可特赐广渊

宋庙为额析城山

特封嘉润公奉

敕泽州阳城县析城山神诚应侯

神诚应侯可

大殿及耳殿

戏楼

大殿局部

元代汤帝行宫碑记

"汤帝行官"铭文

大殿侧视

封头汤庙拜亭

　　封头汤帝庙位于驾岭乡封头村东的山梁上（现村委院）。坐北朝南，平面呈正方形，长宽各 8.6 米，占地面积 74 平方米。除拜亭外其余皆已改建。据现存拜亭柱身题记记载，创建于金大安二年(1210)，清代曾加固。拜亭建于青石台基之上，面宽三间，进深四椽，单檐歇山顶，山花向前，无梁结构，柱头斗拱四铺作，方形抹角雕花石柱，收杀明显，用材宏大，古朴庄重，东侧柱头有"大安岁次庚午六月中旬施石柱壹条，李愿谨施"题记，梁架施彩绘，屋顶覆灰筒瓦。

梁架

拜亭全貌

金代石柱铭文

南底汤帝庙

　　南底汤帝庙位于凤城镇南底村中，坐北朝南，一进式上下院，南北长 29.4 米，东西宽 21.02 米，占地面积 618 平方米。创建年代不详。现存部分金代遗构，其余为明、清建筑风格。中轴线由南而北建有舞台、月台（坍塌）、正殿，两侧有山门、妆楼、看楼、厢房、配殿、耳殿。山门位于庙院东南，朝南开设，青石门框，立颊。横楣遍布雕花，内侧有金大安元年（1209）施门题记。正殿面宽三间，进深四椽，单檐悬山顶，顶覆灰筒瓦，五檩前廊式构架；方形抹角青石檐柱，侧角收分明显，柱身遍布线刻，题材以龙纹为主，间有花草，婴戏等，为金代遗物；柱头斗拱五铺作双下昂，补间各置 1 朵，当心间出斜拱；柱下石础为清制，当为清代改修时为增加殿身高度而改换；金柱亦为石质，有雕花和题记（题记不清），乃后世仿金代柱式样而做，前檐门窗改修。

　　正殿前原建有月台，高约 0.5 米，前立面为束腰须弥座式，有青石雕力士及线刻图案等，为金代遗存，现已坍塌。

　　1982 年公布为县级文物保护单位。

山门

西配殿

正殿

山门题刻

石雕

下交汤帝庙

　　下交汤帝庙位于县城西南15公里下交村北的山冈上，始建于金大安三年（1211），元明两代各有增修、重修，基本定形于明代嘉靖年间。庙宇坐北面南，一进两院。前院狭窄，内院开阔，由大殿、拜亭、耳殿、舞楼、神祠、山门等主体建筑构成。

　　大殿面阔三间，进深四椽，单檐歇山顶，脊施琉璃。明嘉靖年间曾落架重修，尚有元代建筑遗风。大殿东侧为黄龙殿、佛祖殿各三间；西侧为关帝殿三间，神库两间。均为硬山屋顶，有行廊。

　　拜亭面阔三楹，呈正方形，单檐歇山顶，脊施琉璃。始建于金大安三年（1211），清康熙五十一年（1712）落架重修，其形制、构件未曾过多改动或改换，可视为金代遗构。占地面积约113平方米，仅次于泽城汤庙拜亭（约150平方米），为县境内汤庙第二大拜亭。殿内现存各种碑刻10余通，多为邑内名人所撰。

　　舞楼，通阔三间，进深约5.5米，单檐歇山顶，琉璃施脊。实砌台基，台高约1.5米。东西双层耳房各一间，上为化妆间，下为由前院通往后院的通道，即东、西华门。舞楼正南为山门，建于高台之上。台前设台阶，供人上下出入，门楼三开间，悬山顶，明间辟门。门楣隔板上书"桑林遗泽"。

　　大殿内粗大的荆木梁间接反映了古代阳城生态环境状况。舞楼"断梁、断柱"的翻修技术较为少见。

山门外貌

抗日战争时期，该庙是晋豫特委的重要驻扎之地和举行重大会议的场所。1960～1998年，该庙被县三中使用。2006年，被国务院公布为全国重点文物保护单位。2010年3月～2011年5月维修。

山门门额

16

正殿

山门

舞台

正殿斗拱

拜亭梁架

拜亭

碑头石雕

碑座石雕

琉璃脊饰

石狮

施柱石刻

石柱线刻局部

泽城汤帝庙

　　泽城是古濩泽县治所在，汤帝庙位于今县城西 15 公里固隆乡泽城村东北，坐北面南，占地面积约 1200 余平方米。由大殿、偏殿、拜亭、舞楼、山门及东西厢房等建筑组成。始创于金皇统九年（1149），金泰和八年（1208）、明万历四十年（1612）和清末先后三次大规模重修，现存建筑多为明、清遗构。

　　大殿，面阔三楹，进深六椽，悬山顶。明间安斜方格窗棂、六抹隔扇门，门楣横披隔板阴刻楷书"成汤大殿"四字。次间下槛砌墙，上置窗。殿内神像已毁，残存部分壁画，西壁为"汤帝祷雨图"，东壁为"汤帝出巡图"，为全县保存较为完整的珍品。单檐歇山顶，山面用筒瓦，山花以砖叠砌，正脊、垂脊、戗脊则施以琉璃、龙吻，为清代遗存。

　　东西偏殿各五楹，悬山屋顶。东为"显圣王殿"和"五瘟神殿"；西为"大雄宝殿"和"高禖神祠"。

　　拜亭为南北三开间，六架椽，歇山顶，占地面积约 150 平方米，为县境内已发现的最大的拜亭。重修时"仍以旧制"，殿基、柱础及大部分石柱还是金代原物。

　　倒座为舞楼，面阔三间，进深六椽，悬山屋顶。舞楼两侧有双层耳房，为妆房。舞楼下层辟山门，为进入院内的唯一通道。有门廊，今已毁。东西厢房各 11 间，均为双层楼房，已改建，与院内其他建筑围合构成一组封闭院落。

　　原存于析城山的元至元十七年（1280）《汤帝行宫碑记》所记泽城府底行宫一道，即此庙。

　　该庙曾被用作学校多年。现为阳城县重点文物保护单位。

山门外貌

拜亭

正殿及耳殿侧视

正殿

正殿壁画

"成汤大帝"门额

舞楼

舞楼顶棚装饰

正殿斗拱

「西华门」门额

郭峪汤帝庙

　　郭峪汤帝庙位于县城东 15 公里郭峪村西城门内，随山就势而筑。占地面积约 1800 平方米。始创于元至正元年（1341），明正德、万历年间两次进行扩建重修，清顺治九年（1652）全面修缮。现存建筑多为明、清遗构。

　　庙院分一进式上下院，落差约 2.5 米。大殿筑于高台之上，面阔九楹，进深五椽，悬山屋顶，脊施琉璃，形制特殊，为县境孤例。其内原以一、二、三、二、一制分作五殿，中间三楹为汤王神殿，殿东耳殿三间，西一间。殿前无拜亭。东西两侧各有配殿三楹。配殿、耳殿间有披厦相连。

　　下院东、西为双层楼房，各四间，上为看楼，下为厢房。

　　正南为舞楼。舞楼台面距地面 4.5 米，宽 5 米，进深 5.6 米，歇山屋顶，单开间，中无梁柱，形制特别。而在台前两侧筑厦楼（下层为偏门走道），屋顶做成歇山挑角形，围以栏杆，为乐池。舞楼两旁各有双层耳房一间。

　　舞楼下层辟山门。山门门楼背靠舞楼耳房而筑，面阔五楹，明间、次间各辟一门，共三门。梢间内即耳房。正门隔板书有"汤帝庙"字样。其两侧分别为钟楼和鼓楼，高三层，均为歇山顶。

　　2006 年郭峪村古建群被国务院公布为全国重点文物保护单位。现庙中存有碑碣 9 通。

山门门额

九间殿

汤帝塑像

山门外貌

庙内一角

西配殿

舞楼

南留成汤庙

　　南留成汤庙位于北留镇南留村村北，坐北朝南，一进院落布局，东西 33 米，南北 31 米，占地面积 1023 平方米。创建年代不详，现存有大元延祐二年（1315 ）《重修成汤庙记》等石碑 7 通，正殿为明代风格，其余皆为清代建筑（或改建）。中轴线由南而北建有山门（舞楼）、拜亭、正殿，两侧有耳殿、配殿、厢房、妆楼等。正殿面宽三间，进深四椽，单檐悬山顶，五檩前廊式构架，柱头斗拱双踩，双下昂。

　　山门门额书"建中立极"。

　　大殿东墙外所嵌石碣一方，前半部分为记事，后半部分为歌颂汤王功德的铭文，为全县仅存两例之一。

山门

正殿

舞楼

元代碑记

雀替

"建中立极" 门额

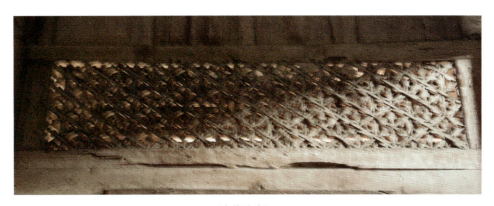

雕花窗棂

中寨成汤庙

　　中寨成汤庙位于西河乡中寨村，坐北朝南，一进式上下两院，南北长 36.85 米，东西宽 28.95 米，占地面积 1067 平方米。据庙内现存碑刻记载，始创于元元统年间（1333～1335），曾于明万历三十九年（1611），天启五年（1625）以及清康熙、雍正、乾隆年间多次维修，现存建筑正殿为明代风格，其余皆清代风格。中轴线上由南而北分布山门（上为倒座舞楼）、拜亭、正殿，两侧建有东西华门、妆楼、看楼、厢房、配殿、耳殿。山门门额书"成汤大庙"。有同治六年（1867）修造题记。庙内现存碑 6 通，碣 1 方。

西华门

正殿

山门

兽形柱础

雕花石栏板

拜亭

戏楼

斗拱

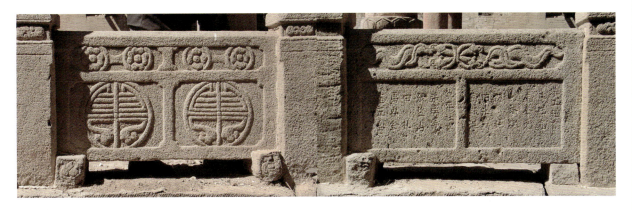

石雕

盘龙汤庙

　　盘龙汤庙位于蟒河镇盘龙村中，一进院落，坐北朝南，大门朝东，东西宽 35 米，南北长 56.5 米，占地 1977 平方米。大殿面阔三间，进深四椽，悬山屋顶。东西耳殿各三间。倒座戏台五间，均为重建。大殿和耳殿石柱为金代和清康熙年间遗存。

正殿及耳殿

正殿

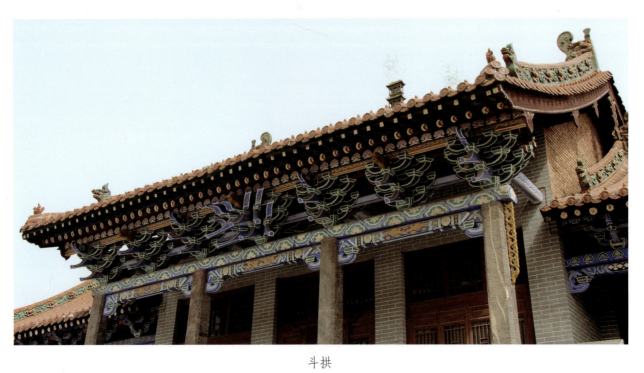

斗拱

阳城汤庙
YANGCHENGTANGMIAO

正殿

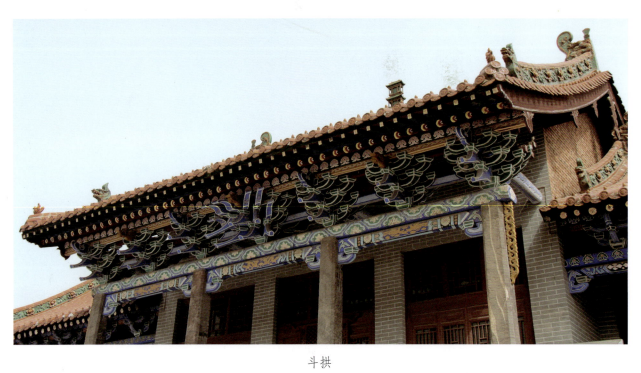

斗拱

金代石柱题刻

阳城汤庙 YANGCHENGTANGMIAO

51

上伏汤帝庙

上伏汤帝庙位于县城东北 13 公里处的润城镇上伏村，始建年代无考。据碑记，元大德六年（1302）已对大殿重修，可知其创建年代应在元代之前。后经历代扩建增修，遂成如今规模。此庙原为孔圣庙，清乾隆五十七年（1792）因原汤帝庙毁于河水，移祀汤王于此，始称汤帝庙。现存主要建筑多为明清遗存。

大殿，面阔五楹，进深五椽，置檐廊。悬山屋顶，琉璃施脊。东耳殿为三间，祀白龙；西耳殿已改建，现不存。大殿前为拜亭，阔三楹，深四椽，歇山顶。清乾隆五十七年(1792)移祀时所加建，为清代建筑。

东西庑均为双层楼房，各七间。下为庙舍，上无前壁，设栏杆，俗称看楼。

以舞台作倒座。舞台面阔三楹，明间宽，梢间窄。主体为悬山屋顶，前檐做成歇山顶式样，别具一格。台基前实砌，后中空，为正门走道；其南为正门，左右有圈门与偏门走道相同。

舞台两侧为钟、鼓楼，各三层。下层为偏门走道；中层与舞台相通，为妆室；上层置钟鼓，悬山顶。大门置门廊，宽三楹，半坡顶。

钟楼侧东南角有三元阁，自成一小院。阁高三层，悬山顶。层间置回廊，可远眺。鼓楼侧西南角原为申明庭，亦自成一院，今改为三清殿。

上伏汤庙与村文庙、武庙紧相连，相互串通，形成一组庞大的神祀建筑群，俗称"三庙五院十六殿"。这种布局为全县少有。

汤庙外貌

东门额 西门额

山门

正殿局部

石狮墙饰

舞 台

拜亭栏板石刻

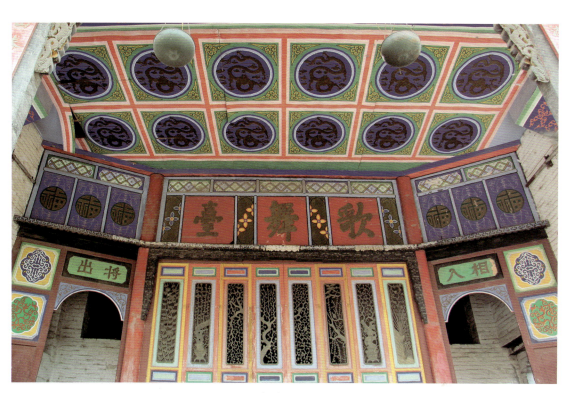

舞台内饰

庙龛分布石刻

拜亭

石刻墙饰

舞台雀替木雕

羊泉汤庙

　　羊泉汤庙位于芹池镇羊泉村，坐北朝南，一进院落，南北长 39.53 米，东西宽 28.2 米，占地面积 1115 平方米，创建年代不详。正殿门礅石上有元"至治元年"字样。正殿曾有"成汤大殿"匾额一块，1963 年被毁。正殿为元代风格，曾有塑像，现已不存。余皆为清代建筑，东廊门额里为"帝德"，外为"神恩"。正殿东为"关圣殿"，西为"财神殿"。庙内现存琉璃碣记一方。

外景

正殿

琉璃碣记

舞台

元至治元年门墩石

廊门门额

桑林汤帝庙

　　桑林汤帝庙位于县城南 30 公里处蟒河镇上桑林村（原桑林乡政府所在地，俗传亦为汤祷桑林之地）。坐北面南，单进院。始创年代不详，现存建筑为清代遗构。正殿面阔三楹，进深六架椽，悬山屋顶，脊施琉璃。补间斗拱硕大，古朴大方。大殿筑于高台之上，台高 1.5 米，前设踏垛，显得高贵端庄。两旁耳殿各三楹。

　　倒座为舞楼，面阔三楹，四架椽。悬山顶，脊施琉璃筒瓦。补间斗拱硕大，形制特别。下层为大门过道，明间辟大门，门额书"桑林遗爱"。外设半坡门楼。两侧均为双层耳房，各三间。上层与舞台相通，为妆房。

　　东西厢房均双层，出楼道，设栏杆，与一般民居楼房别无二致，应为晚清建筑。

　　庙中现存楹联三副。

　　大门联为：体有众偕亡之心恩垂万代；
　　　　　　　慰斯民来苏之望德播千秋。

　　大殿平柱联为：六事祷桑林捍患御灾蒙圣德；
　　　　　　　　　初征自葛伯安良除暴赖皇猷。

　　边柱联为：放夏桀于南巢革命先河推我后；
　　　　　　　聘阿衡于莘野救民热血迈前王。

柱础

山门外貌

正殿

阳城汤庙
YANGCHENGTANGMIAO

67

大门石柱楹联

體有眾僧凶之心恩垂萬代

慰斯民來蘇之望德播千秋

山门

汤帝塑像

舞楼

阳城汤庙 YANGCHENGTANGMIAO

69

下伏汤帝庙

　　下伏汤帝庙俗称西庙，位于润城镇下伏村西北。坐北朝南，南北 29 米，东西 26.8 米，占地面积 777 平方米。创建年代不详，据现存碑记记载，曾于明正统十年（1445）、清乾隆十年（1745）重修，现存建筑为明清风格。中轴线上由南而北建有山门（上为倒座舞楼）、正殿，两侧存西侧妆楼、东南角楼，

西北角楼。山门居庙宇南侧，外建三间廊，门匾书"格天勤民"，山门对面建有砖雕影壁。正殿面宽三间，进深四椽，单檐悬山顶，顶覆灰筒瓦，琉璃吻兽，剪边，五檩前廊式构架，方形抹角砂石檐柱，柱头科，平身科斗拱均为三踩单昂，施隔扇门窗。庙院四角各建三层角落一座，面宽三间，进深四椽，单檐硬山顶。庙内现存石雕像 1 尊，明代碣 1 方，清代碑 1 通。

外貌

角楼

山门

正殿

舞楼

"格天勤民"门额

石雕构件

王村汤庙正殿

　　王村汤庙正殿位于润城镇王村村北。坐北朝南，占地面积397平方米。创建年代不详，据现存碑记记载，曾于明正德四年（1509）重修，万历四十二年（1614）、天启四年（1624）补修，现存为明代建筑风格。正殿建于青石台基之上，面宽三间，进深六椽，单檐歇山顶，顶覆灰筒瓦、琉璃脊饰、吻兽，七檩前廊式构架，方形抹角青石檐柱，有侧角尽收分，柱身线刻纹饰，柱头及次间平身科斗拱均为五踩双下昂，木质金柱，金柱间施隔扇门。正殿东侧现存有偏殿、耳殿各1座，西偏殿、耳殿改建。庙内现存明碑3通，清碑2通。

正殿远视

梁架

斗拱

柱础

中庄汤帝庙

中庄汤帝庙地处县城东 13 公里的润城镇中庄村，始建于明正德年间，清顺治、康熙、乾隆间曾多次增修、重修，清嘉庆二十一年（1816）重修东西客房、看楼、钟鼓楼及山门。2004 年进行全面修缮，落架重修了大殿和耳殿。主要建筑多为明清遗物，为阳城县重点文物保护单位。

大殿筑于高台之上，台高 1.3 米。面阔五楹，进深四椽，有檐廊。悬山屋顶，脊施琉璃。落架重修未作大的改动，应视为明代遗构。东有耳殿三间，祀五虎；西有耳殿四间，辟二殿，分祀高禖、太上老君。

大殿前为拜亭，面阔三楹，宽四椽，歇山顶，琉璃施脊。东西耳殿前也筑有拜亭，规模较小，均为歇山顶。与正殿拜亭构成檐牙交错、勾心斗角之势，蔚为壮观。

东、西各有双层楼房六间，北三间无楼道，为客房；南三间楼上无前壁，设栏杆，为看楼。

倒座为舞台，实砌台基，高约 1.5 米。面阔三楹，进深五椽，明间宽，次间稍窄。中以板壁相隔，前为舞台，后为化妆室（无耳房）。悬山顶，脊施琉璃。

舞台两侧为大门，东、西大门各有门楼，两柱三开间，硬山顶。明间辟门，门内设照壁。两门外侧为钟、鼓楼，各三层，歇山顶。

汤庙外貌

照壁

正殿局部

庙内一角

挑檐

山门

琉璃脊饰

山门门额

游仙成汤庙拜亭

　　游仙成汤庙位于芹池镇游仙村村中。坐北朝南，建筑面积48平方米。据碑记记载，明隆庆辛未（即隆庆五年1571）重修，又于清康熙五十九年（1720）重修，现存拜亭为明代建筑风格，平面略呈正方形，宽6.7米，深7.2米，单檐歇山顶，山花朝前，顶覆灰筒瓦，琉璃脊饰、剪边，砂石台基，四角各立方抹角砂石柱承托屋顶，斗拱三踩单翘，梁柱用材宏大。亭内存碑1通。

柱础

拜亭

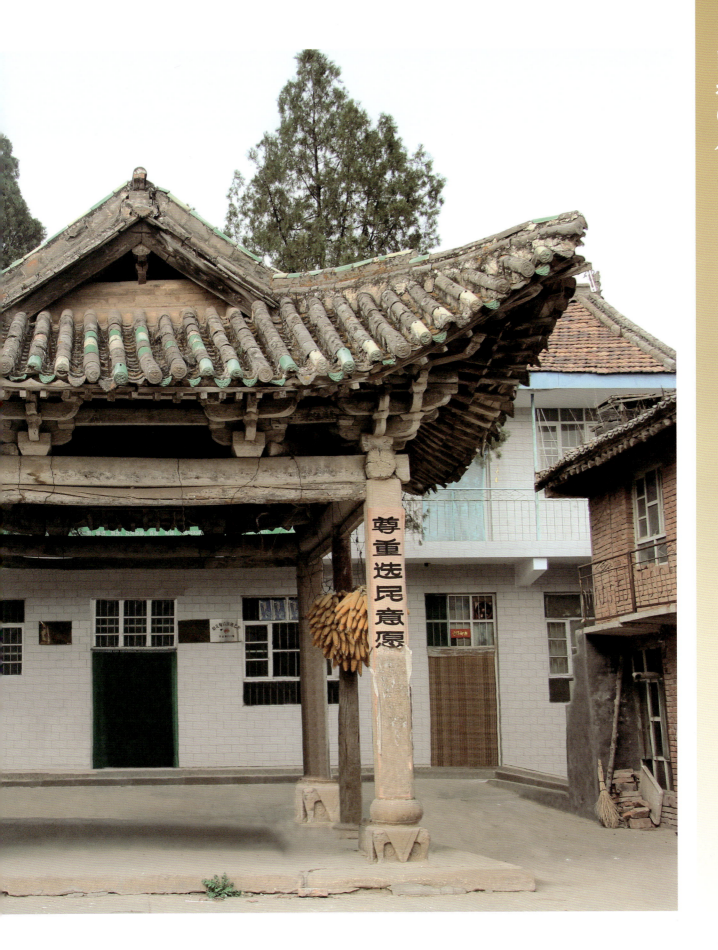

荆底成汤庙

　　荆底成汤庙位于凤城镇荆底村村东。坐北朝南，一进院落，南北长 30.78 米，东西宽 26.31 米，占地面积为 810 平方米。据碑记记载，该庙原为三教庙，始建于明崇祯十二年（1639），清康熙五十七年（1718）重修时，改为成汤庙。现存建筑为清代风格。中轴线由南而北建有山门、舞台、拜亭、正殿。两侧分别建有看楼，小拜亭、耳殿、耳房等。山门居庙院正南，门匾书："桑林遗泽"，门外对面建砖雕照壁 1 座。正殿石砌台基，面宽三间，进深四椽，单檐悬山顶，顶覆灰筒瓦，琉璃吻兽，五檩前廊式构架，方形抹角石质檐柱，柱头斗拱三踩，明间出有斜拱。殿内花梁题记记载，创建于民国十一年（1922）。拜亭面宽三间，进深四椽，单檐卷棚顶。庙之西北角、东北角各置一小院，分别为高禖神祠和佛堂。

"桑林遗泽"门额

舞台

斗拱

柱础

下芹成汤庙

　　下芹成汤庙位于阳城县凤城镇下芹村村北。坐北朝南，依地势错落为上下院，南北长 35.95 米，东西宽 21.79 米，占地面积 783 平方米。创建年代不详，据碑记记载，曾于明万历四十四年（1616）重修，现存建筑年代为清至民国。中轴线上由南而北建有舞台（塌毁）、拜亭、正殿（改建），两侧有山门（已毁）、妆楼、看楼、配殿、耳殿（改建）。正殿于 1976 年改建。拜亭据花梁题记记载，创建于民国四年（1915），石砌台基，面宽五间，进深二椽，中三间为歇山顶，两梢间为悬山顶，顶覆灰筒瓦，琉璃吻兽，柱头斗拱五踩双翘，平身科每间各置 1 攒，明次间出斜拱。庙内现存碑 4 通，碣一方，其一为明万历四十四年（1616）所立《重修成汤庙碑记》。

拜亭

斗拱

汲水思泉社规碑

西冶汤帝庙

　　西冶汤帝庙位于东冶镇西冶村村西。坐北朝南，一进院落，东西为 37.2 米，南北为 23.8 米，占地面积 885 平方米，创建年代不详。据碑记记载曾于明崇祯、清顺治、雍正、乾隆年间重修，现存主要为清代建筑。中轴线上由南而北建有山门（上为倒座舞楼）、汤王殿，两侧有华门、耳殿、看楼、妆楼、钟鼓楼等。山门居庙宇正南，门匾书："成汤庙"。山门两侧各建华门 1 座。汤王殿下建 1 米高的青石台基，前正中左右均设有踏步，面宽三间，进深四椽，单檐悬山顶。庙内现存明碑 1 通，清碑 4 通（方）。

山门

舞楼

庙内一角

钟楼

独泉汤帝庙

独泉汤帝庙地处县南25公里处东冶镇独泉村北山冈上，随山就势而建，始创年代不详，现存建筑多为明清遗构。

庙为单进院，分两节。正殿建于上节，现已毁。据原有照片可知，面阔为五间，进深五椽，歇山顶，脊施琉璃。双侧有耳殿，各三楹，东耳殿已毁。东西耳殿前为东西配殿，各三间。

大殿前为拜亭，现已毁。据原有照片，拜亭阔三楹，四架椽，歇山顶，脊施琉璃。全部石柱、石础，浮雕、线刻异常精美。

下院正南为舞楼。舞楼已毁。仅剩大门，门额书"成汤大庙"。

从原有照片和现存石构件看，独泉汤庙以雕刻装饰见长，手法精湛，富丽堂皇。为阳城县重点文物保护单位。

拜亭旧照

原拜亭梁架

看楼

外貌

石狮

柱础

石刻

陶河汤帝庙

　　陶河汤帝庙位于次营镇陶河村村北。坐北朝南，一进院落，南北长 42.75 米，东西宽 20.3 米，占地面积 868 平方米。创建年代不详，现存为清代建筑风格。中轴线上由南而北建有舞台（改建）、正殿，两侧有山门（改建）、耳殿、厢房、看楼、妆楼（改建）。正殿青石台基，面宽三间，进深四椽，单檐悬山顶，五檩前廊式构架，青石质六棱檐柱，柱头设一斗三升斗拱，平身科每间各置 1 攒，几凳式柱础。庙内存清碑各 2 通。

柱础

山门

庙内局部

尹庄汤帝庙

　　尹庄汤帝庙位于凤城镇尹庄村村北。坐北朝南，一进式上下两院，南北长31.3米，东西宽22.6米，占地面积707平方米。创建年代不详，曾于1946年重修正殿，现存建筑主要为清代风格。中轴线上由南而北建有山门（上为倒座舞楼）、正殿，两侧有妆楼、看楼、配殿、耳殿等。山门居庙院正南，外建悬山顶门廊1间，对面建有砖雕影壁。

正殿建于1米高的石砌台基之上，面宽三间，进深四椽，单檐悬山顶，顶覆灰板瓦，五檩前廊式构架，方形抹角青石檐柱，柱头斗拱三踩单翘，平身科每间各置1攒，门窗改修。东西耳殿各三间，分别为关帝殿、牛王殿。东西配殿各三间，分别为闪电娘娘殿、雷神殿。庙内正殿前西侧有井一口，为天然泉眼，水量充沛。各房屋后墙及山墙下部为砖砌，上部则为土坯墙，前墙为砖面。

山门局部

石雕门墩

正殿

舞楼

梁沟汤帝庙

梁沟汤帝庙位于凤城镇梁沟村东南。坐北朝南，一进式上下院，南北长 22.36 米，东西宽 25.05 米，占地面积 560 平方米。创建年代不详，现存建筑为清代风格。中轴线上由南而北建有舞台、正殿，两侧有妆楼、看楼、配殿、耳殿等。山门居庙院西北，朝北开设，门额书："表正万邦"。正殿青石台基高 1.5 米，面宽三间，进深六椽，单檐悬山顶，顶覆灰板瓦，七檩前廊式构架，方形抹角石质檐柱，柱头斗拱三踩单翘，明次间均施隔扇门，明间额板书："帝德配天"。舞台内清同治元年（1862）创设的木质棚板仍存。庙内现存 2 通碑。

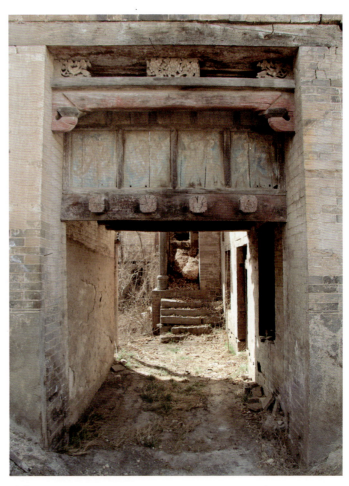

山门

"表正万邦"门额

柱础

正殿

舞台

卫家凹成汤庙

　　卫家凹位于凤城镇卫家凹村村中。坐北朝南，一进式上下两院，南北长 29.41 米，东西宽 17.18 米，占地面积 505 平方米。创建年代不详，据碑记记载，曾于清乾隆四十年 (1775)、乾隆四十八年 (1783)、嘉庆十三年 (1808)、咸丰元年 (1851)、光绪二十二年 (1896) 分别有过重修，现存为清代建筑风格。中轴线上由南而北建有山门（上为倒座舞台）、正殿（已毁），两侧有妆楼、看楼、配殿、耳殿。山门居庙院正南，外建披檐、门廊，门额书："帝德无疆"。正殿面宽三间，现已塌毁。舞楼面宽三间，进深四椽，单檐悬山顶，顶覆灰板瓦。庙内现存碑碣 5 通（方），其中：《公议社规记》以对一年各时祭祀事宜及处罚事宜规定较为详细为特色。

山门

舞楼

东配殿

"帝德无疆"门额

"公议社规"碑记

坡底汤帝庙

坡底汤帝庙位于凤城镇坡底村中，为重新翻修的一座仿古庙宇。坐北朝南，一进院落，南北长 23.42 米，东西宽 15.1 米，占地面积 354 平方米。据碑记及原山门门匾题款及正殿花梁题记记载，创建于清咸丰六年（1856）至同治四年（1865）。山门居庙院东南角，朝东开设，正殿为石砌台基，面宽三间，进深四椽，单檐悬山顶，五檩前廊式构架，明间施隔扇门，次间为槛窗，明间额板书："以承祭祀"。庙院西侧建有一座六角亭，以为拜亭。现存清碑 1 通。

正殿

阳城汤庙
YANGCHENGTANGMIAO

汤庙一角

正殿门额

汤王塑像

土涧汤帝庙

土涧汤帝庙位于凤城镇土涧村东北，坐北朝南，一进院落，南北长34.3米，东西宽24.9米，占地面积854平方米。创建年代不详，正殿花梁存清雍正十三年（1735）修建题记，现存建筑为清代风格。中轴线上由南而北建有山门（上为倒座舞楼）、正殿，两侧有妆楼、看楼、配殿、耳殿等。山门居庙院正南，门额书："万邦协和"，外设披檐，垂莲柱装饰，正殿石砌台基，面宽三间，进深四椽，单檐悬山顶，顶覆灰筒瓦，五檩前廊式构架，方形抹角青石檐柱，柱头斗拱三踩单昂，平身科每间各置1攒，前檐门窗改修。正殿左右耳殿各三间，东为关帝殿，西为牛王殿。东配殿三间，为龙王殿，西配殿三间，为高禖殿。各殿前檐柱上均刻有楹联，为全县石刻楹联较多的汤庙之一。

"万邦协和"门额

山门

正殿

舞楼

上芹汤帝庙

上芹汤帝庙位于凤城镇上芹村村东。坐北朝南，一进式上下两院，南北长37.6米，东西宽20.5米，占地面积771平方米。创建年代不详，据庙内碑记记载，曾于雍正九年（1731）、嘉庆二十二年（1817）、道光四年（1824）重修或增修、补葺，现存为清代建筑风格。中轴线上由南而北建有山门（上为倒座舞楼）、正殿，两侧有妆楼、厢房、看楼、配殿、耳殿。山门居庙院正南，外建门廊1间，悬山顶，顶覆灰板瓦，琉璃脊饰，檐下斗拱五踩双翘，明间出斜拱。山门左右各设便门1所，门前东西两侧各建阁楼1座。正殿石砌台基，面宽三间，进深四椽，单檐悬山顶，顶覆灰筒瓦，琉璃剪边，五檩前廊式构架，方形抹角青石檐柱，柱身镌刻楹联2副，柱头斗拱三踩单昂，平身科每间各置1攒，前檐改修，殿内花梁有乾隆三十二年（1767）重修题记。东耳殿面宽三间，花梁记载为清雍正三年（1725）修造，西耳殿改修。现存碑1通。

山门

正殿

舞楼

汉上汤帝庙

汉上汤帝庙位凤城镇汉上村村中。坐北朝南，南北长 29.2 米，东西宽 19.2 米，占地面积 569 平方米，创建年代不详，现存为清代建筑风格。庙下砂石条砌基，前正中设台阶。山门居庙院正南，门匾书："德泽无疆"，前有"嘉庆癸亥（即嘉庆八年，1803）中春"题款，门前建三间门廊，单檐悬山顶，单坡面，前置方形砂石柱，柱头斗拱三踩单昂，平身科每间各置 1 攒。山门西侧有便门 1 所，门匾书："泽被苍生"。该庙曾为《太岳日报》社旧址。

山门

"德被苍生"门额

"德泽无疆"门额

柱础

蒿峪汤帝庙拜亭

　　蒿峪汤帝庙拜亭位于东城办事处蒿峪村村中。据《中国文物地图集·山西分册》记载，汤庙坐北朝南，一进院落布局，中轴线上有舞台、拜亭、汤王殿，两侧有耳殿、妆楼、看楼、厢房等。1996年，该村将汤庙拆毁，在原址上建起小学，现仅存拜亭。拜亭坐北朝南，建筑面积43平方米。据现存碑记及亭内花梁题记记载，创建于清雍正十二年（1734）。下砌1米高的青石台基，面宽三间，进深六椽，单檐卷棚顶，周施砂石柱8根，下为青石柱础，前檐柱柱身前面镌刻楹联2副，后柱楹联1副。南面柱头设丁头拱。亭内现存碑7通，除历代汤帝庙维修碑记外，还有1通光绪十一年（1885）所立的记荒碑，另有1998年所立的《拆校建庙碑记》1通。在拜亭西侧校园围墙内嵌有碑6通，碣4方，均为明、清汤帝庙的修缮碑记。

拜亭侧视

石柱阳刻楹联

柱础

上孔汤帝庙

　　上孔汤帝庙位于东城办事处上孔村东北。坐北朝南，二进院落，南北长 50.36 米，东西宽 23.85 米，占地面积 1201 平方米。创建年代不详，舞台花梁现存有清乾隆四十五年（1780）修建题记，现存为清代建筑风格。中轴线上由南而北建有舞台、过亭、正殿（已毁），两侧建妆楼、看楼、厢房、配殿、耳殿（已毁）。山门 2 所，分居舞台两侧，均有悬山顶披檐。舞台石砌台基，面宽三间，进深六椽，单檐悬山顶，顶覆灰筒瓦，琉璃吻兽，柱头斗拱三踩单昂，明间出斜拱，多攒斗拱间设有雕花垫板。过殿石砌台基，面宽三间，进深四椽，单檐卷棚顶，墙体改修，庙内现存明清碑碣 16 通（方）。

悬山顶披檐

山门

舞台侧视

柱础

土孟汤帝庙

　　土孟汤帝庙位于河北镇土孟村村北。坐北朝南，二进院落，南北长38.8米，东西宽22米，占地面积854平方米，创建年代不详，现存为清代建筑风格。中轴线上由南而北建有山门、舞台、正殿，两侧有耳房、东西华门、妆楼、看楼、配殿、耳殿。正殿石砌台基，面宽三间，进深六椽，单檐悬山顶，顶覆灰筒瓦、琉璃脊饰、剪边，七檩前廊式构架，前檐改修。庙内现存碑刻3通。

正殿

庙内一角

石雕门墩

杨岭汤帝庙

杨岭汤帝庙位于河北镇六甲村杨岭庄庄南。坐北朝南，二进院落，南北长43.09米，东西宽19.08米，占地面积860平方米。创建年代不详，现存为清代建筑风格。中轴线上由南而北建有照壁、山门、舞楼、正殿，两侧有东西华门、耳房、厢房、妆楼、看楼、配殿、耳殿。正殿青石台基高1.2米，面宽三间，进深四椽，单檐悬山顶，顶铺灰板瓦，五檩前廊式构架，方形抹角青石檐柱，明间施隔扇门，次间为直棂窗。

外貌

山门

舞楼

斗拱

石雕门墩

上清池成汤庙

　　上清池成汤庙位于演礼乡上清池村东南。坐北朝南，一进院落，占地面积 436 平方米。据现存碑刻记载，创建于清康熙五十四年（1715），雍正十年（1732）、乾隆十年（1745）、道光二十三年（1843）均有维修。中轴线自南向北分别为戏台、正殿，两侧有耳殿、厢房、看楼、妆楼等。正殿面宽三间，进深六椽，单檐悬山顶，斗拱三踩，殿内梁下有乾隆十年（1745）题记。东耳殿面宽三间，西耳殿面宽二间，均进深五檐，廊柱已毁。山门外对面有观音殿一座，面阔三间，进深五椽，前出廊，悬山顶，门额书："观音大士"。庙内现存碑刻 5 通，古柏 2 株。

山门外貌

正殿

舞楼

白家庄成汤庙

　　白家庄成汤庙位于町店镇中峪村白家庄庄北。坐北朝南，一进院落，南北长 15.05 米，东西宽 18.5 米，占地面积 463 平方米。据正殿花梁记载创建于清道光十一年（1831）。中轴线上由南而北建有舞台、拜亭、正殿，两侧各建有耳殿、配殿、厢房、看楼、妆楼等。山门居庙宇西南，朝西开设，门匾书："成汤圣庙"，正殿建于高 1.8 米的石砌台基上，面宽三间，进深四椽，单檐悬山顶，前置檐廊。拜亭长宽三间，进深四椽，卷棚顶。舞台花梁记载为大清道光十二年（1832）建造，面阔三间，进深四椽，单檐悬山顶，台内顶棚、屏板仍存。庙宇南侧底层券有窑洞，外观看为三层。庙内现存创修碑（道光二十四年所立）1 通。

拜亭

舞台

柱础

西神头汤帝庙

　　西神头汤帝庙位于北留镇西神头村西北。坐北朝南，一进四合院布局，南北长 37 米，东西宽 21.3 米，占地面积为 800 平方米。创建年代不详，现存为清代建筑。中轴线建有山门（舞台）、拜亭、正殿，两侧有耳殿、禅房、看楼。正殿建于 1 米高的石砌台基上，面宽三间，进深四椽，单檐悬山顶，顶覆灰筒瓦，砖雕脊饰，五檩前廊式构架，斗拱柱头，补间各置 1 攒，柱头三踩单昂，补间出有斜拱，明次间均施隔扇门。拜亭面宽三间，进深四椽，单檐歇山顶，梁下有清道光十四年（1834）题记，部分房屋外墙用青石垒砌。现存碑 4 通。正门匾额书"圣德日新"。东南门额书"正域四方"。

东南门外貌

正门"圣德日新"匾额

舞台

雀替

挑檐

拜亭

斗拱

北树汤帝庙

　　北树汤帝庙位于寺头乡北树村村西。坐北朝南，南北长30.29米，东西宽18.9米，占地面积573平方米。创建年代不详，现存为清代建筑。一进式上下两院，中轴线上建有山门（其上为倒座舞楼）、拜亭（已毁）、正殿，两侧有耳殿、配殿、看楼、妆楼等。山门居庙宇南侧，门匾书："桑林遗泽"。正殿建于1米高的砂石台基上，前设踏步，面宽三间，进深四檐，单檐悬山顶，五檩前廊式构架，方形抹角石檐柱，柱头斗拱三踩单下昂，明、次间均施隔扇门，明间额板题："智勇天锡"。舞台面宽三间，进深四椽，单檐悬山顶。

正殿

"桑林遗泽"门额

汤庙局部

舞楼

柱础

拜亭石柱楹联

刘庄沟汤帝庙

刘庄沟汤帝庙位于寺头乡董家岭村刘庄沟庄。坐北朝南，南北长 22.3 米，东西宽 15.7 米，占地面积 350 平方米，创建年代不详，曾于清同治十三年（1874）、光绪二十六年（1900）重修，现存为清代建筑。一进院落布局，中轴线上建有舞台、正殿（汤帝殿），两侧有山门、耳殿、看楼、妆楼等。山门居庙院西南，门已损毁。正殿据花梁记载，于清同治十三年重修，下有 1.5 米高的砂石台基，前设踏步，面宽三间，进深四椽，单檐悬山顶，五檩前廊式构架，柱头斗拱三踩，平身科各 1 攒，明间出有斜拱，殿内现存壁画 32 平方米。东耳殿壁画边缘处有清光绪二十六年（1900）重修题记。

"汤帝殿"匾额

正殿

壁画

舞台

大乐汤帝庙

　　大乐汤帝庙位于寺头乡大乐村北。坐北朝南，南北长 30.05 米，东西宽 17.5 米，占地面积 526 平方米。创建年代不详，现存为清代建筑。一进院落布局，中轴线上由南而北建有舞台，拜亭（已塌毁），正殿两侧有山门、耳殿、配殿、看楼、妆楼等。山门居庙宇东南，朝南开设。正殿建于 1 米高的砂石台基上，前设踏步，面宽三间，进深四椽，单檐悬山顶，仰瓦铺顶，琉璃脊饰，五檩前廊式构架，柱头斗拱三踩，平身科每间出一攒，明间出有斜拱，斗拱彩绘依稀，隔扇门窗。东配殿内北墙、南墙现存壁画。

庙内局部

舞台

石雕门墩

东配殿

霍家村汤帝庙

　　霍家村汤帝庙位于寺头乡霍家村南。坐东朝西，东西为26.8米，南北为18.5米，占地面积484平方米。据庙内现存民国丙辰年（即民国五年，1916）碑刻记载，初创于清乾隆年间，后于民国三年（1914）增建拜亭，现存为清至民国建筑。一进院落布局，中轴线上现存拜亭、正殿，两侧有配殿、厢房。正殿建砂石台基上，前设踏步，面宽三间，进深四椽，单檐悬山顶，五檩前廊式构架，木质檐柱，柱头斗拱三踩单翘，平身科每间出一攒。正殿廊前存1通民国碑。

正殿

拜亭

柱础

白寨汤帝庙

　　白寨汤帝庙俗称大庙，位于寺头乡马寨村白寨庄北。坐北朝南，南北长 24.02 米，东西宽 17 米，占地面积 408 平方米。创建年代不详，现存为清代建筑。一进院落布局，中轴线上建有舞台、拜亭、正殿，两侧有山门、耳殿、看楼、妆楼等。山门居庙院东南角，朝南开设。正殿建于 1.6 米高的砂石台基上，两侧设踏步，面宽三间，与拜亭套建为一体，总进深七椽，外观为单檐悬山顶，内观拜亭为卷棚顶，柱头斗拱三踩，平身科各置一攒，明间出斜拱。

东看楼

汤庙局部

北下庄汤帝庙正殿

北下庄汤帝庙正殿位于寺头乡北下庄。坐北朝南，建筑面积95平方米，据殿内花梁题记记载，创建于清同治十二年（1873）。正殿建于2米高的砂石台基上，面宽三间，进深四椽，单檐悬山顶，顶铺板瓦，五檩前廊式构架，方形抹角石质檐柱，斗拱三踩，共计七攒，柱头科、平身科各一，平身科出有斜拱，施隔扇门窗。正殿左右有耳殿各一间。

正殿

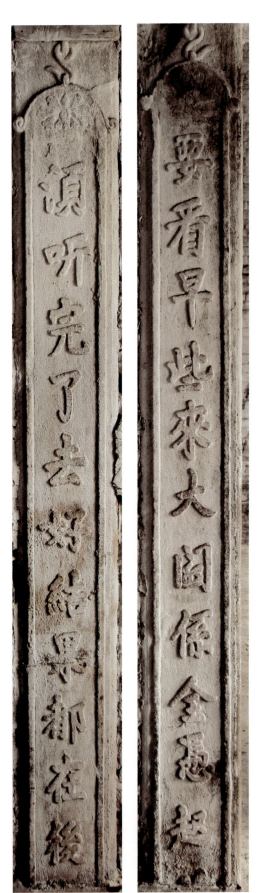

原舞楼石柱楹联

柱础

索龙成汤庙

      索龙成汤庙位于东冶镇窑头村索龙庄东北。坐北朝南，由主院、偏院两所院落组成，南北长 25.03 米，东西宽 21.8 米，占地面积 546 平方米。创建年代不详，据现存碑刻记载，曾于民国二十五年（1936）重修，现存主要为清代建筑。主院中轴线上由南而北建有舞楼、正殿，两侧有山门、耳殿、东西看楼、妆楼等。主院西侧建有偏院。正殿建于 0.8 米高的青石台基上，面宽三间，进深四椽，单檐悬山顶，顶铺板瓦，五檩前廊式构架，方形抹角青石檐柱，柱头及平身科各置一斗三升斗拱，施格门、格窗，殿内北、东、西三面墙均存有壁画，面积约 25 平方米。正殿及西看楼均建造在天然山岩上。偏院内建有北殿、西殿、南房各 1 座。房屋外墙用青石砌筑，部分为土坯墙，正殿前墙为砖面。庙内现存清碑 2 通，民国碑 1 通，其中，清代《奇荒碑》有较高的史料价值。

成汤庙远视

山门外貌

正殿

舞楼

山门

月院汤帝庙

　　月院汤帝庙位于东冶镇月院村月院庄东北。坐北朝南，一进院落，南北长 24.63 米，东西宽 17.9 米，占地面积 441 平方米。据正殿花梁题记记载，创建于清同治十年（1871），现存为清代建筑。中轴线上由南而北建有山门（上为倒座舞楼）、正殿，两侧有耳殿、厢房、看楼、妆楼等。正殿建于 0.6 米高的青石台基上，两侧设踏步，面宽三间，进深四椽，单檐悬山顶，顶铺板瓦，五檩前廊式构架，方形抹角青石檐柱 6 根均有雕花。柱头斗拱三踩单下昂，平身科各设丁头拱，施隔扇门窗，明间额板题："表正万邦"。大门框均为石材雕花。庙内存有 5 碑 1 碣。

汤庙外貌

正殿

舞楼

柳泉成汤庙舞台

　　柳泉成汤庙舞台位于东冶镇柳泉村。坐北朝南，建筑面积95平方米。据现存碑文记载，创建于清嘉庆十二年（1807）。舞台建于1.45米高的青石台基上，前檐东侧设台阶，面宽三间，进深四椽，单檐悬山顶，顶覆灰板瓦，方形抹角青石檐柱，横柱上有花卉纹木雕雀替垫板。舞台仍存清代碑4通，民国碑1通。舞台左右各建有妆楼。

舞台

前檐

古碑

柱础

大安头汤帝庙

大安头汤帝庙位于润城镇大安头村。坐北朝南，一进院落，南北长29米，东西宽20.5米，占地面积594.5平方米。创建年代不详，据碑记记载，曾于清乾隆、道光年间重修，现存为清代建筑风格。中轴线上由南而北建有砂石4柱舞台、石材台基，正殿两侧有妆楼、看楼、厢房、耳殿。山门居庙院东南，朝南开设，外建披檐，门匾书："天鉴在兹"。正殿面宽三间，进深四檩，单檐悬山顶，顶覆灰板瓦，砖雕脊饰、吻兽，五檩前廊式构架，方形抹角砂石檐柱，柱头施一斗三升斗拱，平身科各置1攒，隔扇门窗。庙内存碑碣4通（方）。

水井石雕构件

山门

舞台柱础及护栏石雕局部

正殿

舞楼

小章沟成汤庙

　　小章沟成汤庙位于润城镇沟西村。坐北朝南，一进院落，东西为 13.7 米，南北为 14.5 米，占地面积 199 平方米。据正殿花梁题记记载，创建于清道光九年（1829）。中轴线上由南而北建有山门、正殿，两侧有耳殿、厢房。山门居庙院正南，垂花门，悬山顶，门匾书："成汤庙"。正殿青石台基，面宽三间，进深四椽，单檐悬山顶，顶覆灰筒瓦，五檩前廊式构架，方形抹角砂石檐柱，柱头施一斗三升斗拱，平身科各置 1 攒，明间施隔扇门，次间为槛窗。

山门局部

正殿

石雕构件

北宜汤帝庙

　　北宜汤帝庙位于芹池镇北宜村。坐北朝南，一进院落，东西为 27.7 米，南北为 25.71 米，占地面积 712 平方米。创建年代不详，据舞台花梁题记记载，于清康熙四十年（1701）重建，现存建筑为清代风格。中轴线上由南而北建有舞台、正殿，两侧有山门、妆楼、看楼、耳殿。正殿下建 1 米高的砂石台基，面宽三间，进深四椽，单檐悬山顶，顶覆灰筒瓦，琉璃脊饰、吻兽，五檩前廊式构架，木质檐柱，柱头斗拱五踩双昂，平身科每间各置 1 攒，为五踩单翘单昂，明间施隔扇门，次间为槛窗，明间额板书："圣泽流芳"。

汤庙外景

正殿

看楼

"圣泽流芳"门额

耳殿壁画

斗拱

柱础

南上成汤庙

　　南上成汤庙位于芹池镇南上村。坐北朝南，南北长33.63 米，东西宽 23.7 米，占地面积 797 平方米。创建年代不详，据碑记和花梁题记记载，曾于清康熙、乾隆、嘉庆、光绪年间重修、补修，现存建筑为清代风格。中轴线上由南而北建有山门（已毁）、拜亭、正殿，两侧有妆楼（已毁）、看楼、配殿、耳殿。正殿下建 0.7 米高的砂石台基，面宽三间，进深四椽，单檐悬山顶，顶覆灰筒瓦，五檩前廊式构架，柱头斗拱五踩双昂，平身科各置 1 攒，明间施隔扇门，次间为槛窗。拜亭面宽三间，进深四椽，单檐歇山顶，顶覆灰筒瓦，山花朝前，柱头斗拱三踩单翘。庙内存碑 5 通。

拜亭

南宜成汤庙正殿

　　南宜成汤庙正殿位于芹池镇南宜村，坐北朝南，建筑面积 184 平方米。创建年代不详，现存建筑为清代风格。正殿下建 1.6 米高的砂石台基，前正中设踏步，面宽三间，进深四椽，单檐悬山顶，顶覆灰筒瓦，琉璃脊饰，五檩前廊式构架，柱头斗拱双踩双昂，平身科每间各置 1 攒，明间出有斜拱，明间额板书："成汤圣殿"。东边额书为"桑林遗泽"，西边额书为"万帮惟怀"。正殿两侧存耳殿。

正殿

门额

斗拱

石雕

临涧汤帝庙

　　临涧汤帝庙位于董封乡临涧村。坐北朝南，一进院落，南北长 36.11 米，东西宽 26.45 米，占地面积 955 平方米。创建年代不详，现存为清代建筑风格，中轴线由南而北建有舞台、拜亭、正殿，两侧有耳殿、看楼、妆楼。山门两所，分居舞台两侧。正殿面宽三间，进深四椽，单檐卷棚顶，顶覆灰筒瓦，柱头斗拱三踩单昂，平身科每间各置 1 攒，每次间出有斜拱。庙内存水井 1 口。五间拜亭较为少见。

汤庙外貌

正殿现状

舞台

苏村汤帝庙正殿

　　苏村汤帝庙正殿位于次营镇苏村。坐北朝南，建筑面积 141 平方米。创建年代不详，现存为清代建筑风格。正殿面宽三间，进深四椽，单檐悬山顶，顶覆灰筒瓦，琉璃脊饰、吻兽，五檩前廊式构架，方形抹角青石檐柱，柱头斗拱三踩单昂，平身科每间置 1 攒，出有斜拱。正殿两侧各建耳殿，均面宽三间，进深四椽，硬山顶，五檩前廊式构架，方形抹角青石檐柱，柱身遍布花卉纹线刻。正殿、耳殿均有石柱楹联，计 5 副。柱头斗拱三踩单昂，平身科每间置 1 攒。

正殿全貌

琉璃脊饰

立柱石刻局部

南门汤帝庙

　　南门汤帝庙，当地人称黄堂迪汤庙，位于析城山南门外横河镇南门村东南方约2公里处，大落岭西侧山崖半腰处一个大龛之中。举目峭壁如削，俯视空谷流云，西望鳌背、云蒙、女娲洞、析城南天门等名山奇景尽收眼底，为全县最奇险的汤庙之一。庙坐北朝南，南北长25.8米，东西宽16.6米，占地面积428平方米。创建年代不详，据正殿梁架题记记载，清咸丰十一年（1861）曾有修葺，现存建筑为清代风格。中轴线上建舞楼、正殿，两侧分别有看楼、东殿及东殿南耳殿、正殿西耳殿。舞楼面宽四间，进深四椽，单檐硬山顶。正殿面宽三间，进深四椽，单檐硬山顶，门窗不存。东殿面宽三间，进深五椽，单檐悬山顶。正殿、西耳殿、东殿及其耳殿内残存壁画60平方米。山门位于西北隅舞楼下，庙内存清碑3通。

柱础

汤庙一角

壁画

壁画

下寺坪汤帝庙

　　下寺坪汤帝庙位于横河镇中寺村下寺坪庄。座北朝南，东西为12.2米，南北为30.05米，占地面积667平方米。创建于清乾隆丁未年（1787），初仅有戏台，后于道光二十七年（1847）至咸丰十一年（1861）又建该庙宇。一进院落布局，中轴线有舞台、正殿，两侧有妆楼、看楼、配殿、耳殿。舞台面宽三间，进深四椽，单檐悬山顶，五檩前廊式构架，梁下有清乾隆丁未年（1787）题记。正殿建于1.1米高的石砌台基上，面宽三间，进深五椽，单檐悬山顶，六檩前廊式构架，斗拱三踩。耳殿(东关圣殿、西高禖殿)，配殿（东龙王殿、西六瘟殿）均面宽三间，进深四椽，单檐悬山顶，五檩前廊构架。山门开于西南，单披悬山顶。庙内存清同治二年创修碑1通。中共晋豫边委诞生于此。

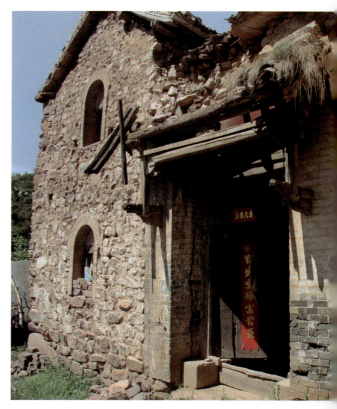

山门

汤庙远视

正殿

舞台

吉德汤帝庙拜亭

　　吉德汤帝庙拜亭位于驾岭乡吉德村。坐北朝南，据花梁题记记载，创建于清同治十年（1871）。东西为16.5米，南北为5.6米，占地面积92平方米。拜亭面宽三间，进深四椽，单檐悬山顶，五檩前后出廊构架，柱头斗拱三踩双昂，琉璃脊饰、剪边。拜亭用石柱,耳亭用木柱,柱上用减地平剔手法刻楹联四副。拜亭前存清碑5通。

石柱楹联

拜亭全貌

琉璃脊饰

梁架

龙头斗拱

碑记

护驾汤庙

护驾汤庙位于驾岭乡护驾村。坐北朝南，创建年代不详，现存建筑为清代风格，南北长 29.5 米，东西宽 25.7 米，占地面积 758 平方米。中轴线有舞楼、正殿，两侧有东西妆楼、耳殿和钟楼、鼓楼。舞楼面宽三间，进深四椽，单檐悬山顶，五檩无廊构架，柱头有砍刹，无柱头斗拱，补间斗拱一斗三升。正殿前有踏步，与耳殿均为石砌台基，台基高 1 米。正殿面宽三间，进深五椽，通檐用四柱，承起一根大额枋，单檐悬山顶，六檩前廊构架，柱头斗拱三踩双昂，门额书："广渊尊神"。东西耳殿面宽三间，进深六椽，单檐悬山顶，七檩前廊构架，柱头有砍刹，斗拱一斗三升。东西耳殿与看楼连接处分别建钟楼、鼓楼。山门开于舞楼下正中，额书"成汤庙"，迎面建砖质影壁，中雕二龙戏珠。庙内存明碑 1 通，清碑 2 通。

山门

正殿

正殿门额

舞楼

三泉汤庙正殿

　　三泉汤庙正殿位于驾岭乡三泉村南，坐北朝南。创建年代不详，现存为清代建筑风格，梁下有康熙三十三年（1694）题记，东西为8.4米，南北为6.1米，建筑面积51平方米。正殿面宽三间，通檐用四柱，进深五椽，单檐悬山顶，六檩前廊构架，柱头斗拱三踩双昂，石柱上用减地平剔手法刻楹联二副。殿内有碑1通。

正殿全貌

南峪汤帝庙

　　南峪汤帝庙位于驾岭乡南峪村，坐北朝南，南北长29.28米，东西宽20.1米，占地面积586平方米，创建年代不详，现存建筑为清代风格。二进院落布局，中轴线有前院舞台、后院正殿，东西两侧分别为前院妆楼、看楼和后院正殿、耳房。山门居庙院东南，设悬山顶，正殿青石台基，前有踏步，面宽三间，进深六椽，单檐悬山顶，七檩前廊构架，柱头斗拱三踩单昂，平身科每间出一攒，明间和次间均为隔扇门，明间额板书"建中立极"，额板书"气凌霄汉""云行雨施"，前檐柱刻石质楹联。舞台石砌台基，面宽三间，进深四椽，单檐悬山顶，柱头、补间均施斗拱，庙内存清代碑刻5通。

汤庙外貌

正殿

舞台

正殿门额

施地碑记

正殿石柱楹联

雪圪坨汤帝庙

雪圪坨汤帝庙位于驾岭乡雪圪坨村，坐北朝南，一进院落布局，据碑文记载，创建于清乾隆三十二年（1767），现存为清代建筑，南北长24.95米，东西宽17.9米，占地面积447平方米，中轴线现存为舞台、汤王殿，东西两侧为耳殿、看楼、妆楼。山门居庙宇东南，悬山顶坡檐，撑檐石柱原为关帝庙构件，上刻楹联一副："楚汉并起构兵谈天下；蜀魏相抗征将论英雄。"汤王殿青石台基，前有踏步，踏步两侧有抱鼓石，面宽三间，进深四椽，单檐悬山顶，五檩前廊构架，柱头斗拱一斗三升，明间隔扇门，次间格窗，额房饰花卉纹木雕。舞台石砌台基，面宽三间，进深四椽，单檐悬山顶，庙内存清碑一通。

山门

舞台

琉璃脊饰构件

石雕构件

刘庄成汤庙

　　刘庄成汤庙位于白桑乡刘庄村。坐北朝南，一进院落，东西为36.1米，南北为26.2米，占地面积946平方米。创建年代不详，据碑记记载，曾于清道光、咸丰、同治年间重修，补间现存为清代建筑风格。中轴线上由南而北建有山门、舞台、正殿，两侧有耳殿、配殿、看楼、妆楼等。山门居庙院正西，外建门廊一间，悬山顶，门匾书："表正万邦"。据花梁题记记载，正殿于道光五年重修（1825），青石台基，前正中设踏步，面宽三间，进深六椽，单檐悬山顶，顶覆灰筒瓦，琉璃脊饰、剪边，七檩前廊式构架，方形抹角石质檐柱，柱头斗拱五踩双昂，平身科每间各置一攒。出有斜拱，明次间均施隔扇门。现存清碑5通，碣16方，民国碑1通。

山门匾额

正殿

山门

舞楼

收支碑记

张庄成汤庙

　　张庄成汤庙位于白桑乡张庄村，坐北朝南，一进院落，南北长 32.41 米，东西宽 21.3 米，占地面积 690 平方米。创建年代不详，据碑记记载，曾于清康熙四十三年（1704）、雍正七年（1729）重修和增修，现存为清代建筑风格。中轴线上由南而北建有山门（上为倒座舞楼）、正殿，两侧有耳殿、配殿、看楼、妆楼。山门居庙院正南，外建门廊一间，悬山顶。正殿建于 1.2 米的青石台基之上，面宽三间，进深四椽，单檐悬山顶，顶覆灰筒瓦，琉璃脊饰，五檩前廊式构架，柱头斗拱三踩单昂，平身科每间各置 1 攒，明间出斜拱。现存碑 2 通，碣 4 方。

翼角斗拱

正殿

山门

山门单檐局部

洪上成汤庙

　　洪上成汤庙位于白桑乡洪上村，坐北朝南，一进院落，南北长 39.55 米，东西宽 20.91 米，占地面积 827 平方米。据碑记记载，创建于清康熙二十八年（1689），曾于康熙、嘉庆、道光年间重修、增修、补修。中轴线上由南而北建有舞台、拜亭、正殿，两侧有妆楼、厢房、看楼、配殿、耳殿。山门居庙院东南，朝东开设。正殿花梁题记记载，于道光十二年（1832）重修。青石台基，前正中设踏步，面宽三间，进深五椽，单檐悬山顶，顶覆灰筒瓦，方形抹角青石檐柱，柱头斗拱三踩单翘，明次间均施隔扇门。拜亭青石台基，面宽三间，进深四椽，单檐歇山顶，顶覆灰筒瓦、琉璃脊饰、剪边，柱头斗拱五踩单翘单昂，平身科各置 2 攒，明间出有斜拱。东耳殿为黄龙殿，西耳殿为白龙殿，东配殿为三圣祠，西配殿为广禅祠。庙内现存碑 6 通，碣 5 方。

拜亭内斗拱

汤庙局部

拜亭

舞台

柱础

涝泉汤帝庙

　　涝泉汤帝庙位于白桑乡涝泉村，坐北面南，一进院落，南北长 30.65 米，东西宽 21.55 米，占地面积 596 平方米。创建年代不详，据碑记记载，曾于清雍正、乾隆、道光、咸丰年间重修、增修、补修，现存建筑为清代风格。中轴线上由南而北建有山门（上为倒座舞楼）、正殿，两侧有妆楼、看楼、配殿、耳殿等。正殿青石台基，面宽三间，进深四檩，单檐悬山顶，顶覆灰板瓦，五檩前廊式构架，柱头设丁头拱，明间施隔扇门，次间为格窗。庙内现存残碑 2 通。

正殿

耳殿及配殿

西看楼

孔池成汤庙

　　孔池成汤庙位于蟒河镇孔池村,坐北朝南,一进院落,东西为46.5米,
南北为29.2米,占地面积1358平方米。创建年代不详,据庙内碑记记载,
清雍正八年（1730）至乾隆二年（1737）维修庙宇,乾隆四十一年（1776）
到乾隆四十六年（1781）扩修拜亭。据村中老者介绍,拜亭于1964年拆除,
1983年又拆除庙内部分建筑,现存建筑为清代风格。中轴线由南至北依
次建山门（上有戏台）、正殿,两侧为妆楼、耳殿。正殿建于石砌台基之上,
面宽三间,进深四椽,五檩前出廊构架,单檐悬山顶,前檐施方形青石柱,
柱头有题记"雍正三年（1725）捐石柱",柱头斗拱五踩双昂,昂嘴被锯,
平身科斗拱3组,门窗改制。庙内有碑2通。戏台联、选举催头碑较有
特色。

　　舞楼平柱联：袅袅然阳春白雪一曲歌中宁寡和
　　　　　　　　飒飒乎高山流水数弹韵里有知音
　　舞楼边柱联：荣辱穷通仿佛俨然勿谓当前作假
　　　　　　　　悲欢离合依稀宛具须从个里寻真

正殿

舞楼

舞楼石刻楹联

门墩石雕

碑头正面

碑头背面

石狮

阳城汤庙

YANGCHENGTANGMIAO

228

西樊汤帝庙

西樊汤帝庙位于蟒河镇西樊村，坐北朝南，现仅存正殿，东西为 7.8 米，南北为 4.5 米，占地面积 35 平方米。创建年代不详，据殿外西侧《重修碑记》记载，清康熙十一年（1672）重修，现存建筑为清代风格。正殿建于石砌台基之上，面宽三间，进深四椽，五檩前出廊构架，单檐硬山顶，前檐施方形青石柱，明间辟板门，次间为直棂窗。

正殿

北梁汤帝庙

  北梁汤庙位于河北镇北梁村。坐北朝南，一进院落，南北长36米，东西宽24米，占地面积864平方米。创建年代不详。庙南路边现存古碑2通，碑头一块，碑头镌刻"成汤庙记"。据村民介绍，山门与舞台位于庙南，因本村在日本侵华时死过一个日本人，日本人将庙烧毁。现存正殿、西配殿、东西耳殿，均面宽三间，进深四椽，为清代风格。东配殿为近现代建筑。一中年村民介绍，听其爷爷说过，每年农历三月十七日为接水日，村民打上音乐到附近龙王庙接水；另一村民介绍，过去此庙一唱戏，天就下雨，老百姓说："真灵验呀！"

庙内局部

正殿

"成汤庙记"碑头

西配殿

南梁汤庙

　　南梁汤庙位于河北镇南梁村。一进院落，南北长 30.2 米，东西宽 21.4 米，占地面积 630 平方米。现仅存舞台一座，面宽三间，进深四椽，山门居于正南，上建舞台，山门匾额"德洽蒸民"。正殿和耳殿已毁，东西两侧建筑均为现代建筑。

「德洽蒸民」门额

舞台

伯附大庙

　　伯附大庙位于芹池镇伯附村，坐北朝南，一进院落。仅存正殿，创建年代不详。现存石碑3通，其中《重修东庙碑记》上有"汤帝殿"字样。正殿面宽五间，六棱石柱，中柱2根为石狮柱础，其他庙宇没有。另一石碑上有"春有祈秋有报"字样。

正殿

斗拱

柱础

西坰汤庙（又称高庙）

西坰汤庙位于驾岭乡，坐北朝南，一进式院，东西为 31.8 米，南北为 36 米，仅存正殿三间，两耳殿五间，东西配殿各三间，西配殿已塌。庙内有明万历《高庙碑记》一通。庙内石柱均有雕花或人物故事，为全县较多较精美者。

正殿

正殿侧视

西配殿

斗拱

柱础

立柱石刻局部

王曲汤庙

　　王曲汤庙位于西河乡王曲村。坐北朝南，二进院落，东西并列分布，南北长 38.54 米，东西宽 28.9 米，占地面积 1114 平方米。创建年代不详，现存正殿为明代建筑风格，余皆清代建筑风格。中轴线上由南而北建有山门（上为倒座舞台）、正殿，两侧有妆楼、看楼、配殿、耳殿。山门为悬山顶，前置三间门廊，柱头斗拱五踩双下昂，平身科各置 1 攒，明间出斜拱。山门对面有砖雕影壁一座。正殿建于砂石台基之上，面宽三间，进深六椽，单檐悬山顶，顶已改建。东院为偏院，建有北殿、厢房等，现北殿已毁。庙西门额书"命式九围"。村中老人说正殿供奉是"汤王爷"。此庙为太岳师范旧址。

山门侧视

舞 台

斗拱

碑座

章训成汤庙

　　章训成汤庙位于北留镇章训村。坐北朝南，一进院落，南北长 37.5 米，东西宽 34.7 米，占地面积约 1301.25 平方米。创建年代不详。正殿门礅石刻有"至正"年字样，妆楼墙壁嵌有石刻"天启元年重修"字样。中轴线由南而北建有山门（上建倒座舞楼）、拜亭、正殿。两侧有妆楼、配殿、耳殿。山门匾额"命式九围"。据村里老人介绍，现存耳殿、正殿，配殿为上世纪 50 年代重建。

山门

拜亭

石
狮

舞楼

妆楼石刻

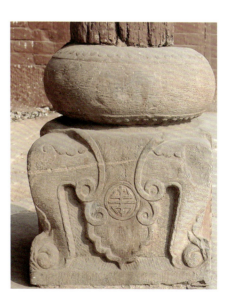

柱础

阳陵汤庙

　　阳陵汤庙位于芹池镇阳陵村，坐北朝南，一进院落，南北长 33.2 米，东西宽 21.7 米，占地面积 720 平方米。创建年代不详，现存拜亭为明代风格，余皆清代风格。中轴线上由南而北建有舞台、拜亭、正殿，两侧有山门、看楼、配殿、耳殿，殿内花梁有清乾隆年间题记。

山门外貌

正殿

舞台

拜亭

拜亭梁架

斗拱

木柱

柱础

北次营汤庙

　　北次营汤庙位于次营镇北次营村西北高岗之上，坐北面南，南北长 31 米，东西宽 22 米，占地面积 682 平方米。全部房屋均为村民在原址上重建，其中大殿面阔三间，进深五椽，硬山屋顶。东西耳殿各三间，西配殿四间。戏台在建，东西侧为大门。现存清道光石碑 1 通。

正殿

汤庙一角

毕家汤庙

　　毕家汤庙位于横河镇毕家村，一进院落，坐北面南，大门西南向，占地 860 平方米。大殿面阔三间，进深五椽，悬山屋顶，覆灰片瓦。东西耳殿各三间。倒座为戏台，面阔三间，进深四椽，悬山屋顶。无碑碣。

正殿

戏 台

山门

侯井汤帝庙

山门侧视

侯井汤帝庙位于次营镇侯井村，坐北朝南，一进院落。东西宽 27.75 米，南北长度因正殿为后人改建，位置移动而无法确定。中轴线上由南而北建有山门（上为倒座舞楼）、正殿（改修）、乐台、妆楼、看楼、配殿等。山门石柱有楹联一副："六事自责厚泽深仁共祝无疆天子；九围是式德洋恩溥常怀有道圣人。"

舞楼

后亲汤帝殿

后亲汤帝殿位于河北镇后亲村北山半腰的天然大亲之中，玉皇殿东侧，面阔三间，进深四椽，硬山屋顶，覆灰瓦。

殿东为戏台，面阔三间，进深四椽，硬山屋顶，覆灰片瓦。

后亲汤帝殿所在为阳城风景奇绝之地，居高岩大亲之中，俯瞰杨柏峡谷，面对五斗奇峰，风景秀美，自古为文人雅士吟诗作赋之地，庙壁之上现存有清代诗歌。庙中存有清碑 3 块。

外貌

步道

正殿

舞台

壁画

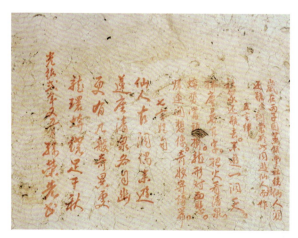

清代游人山墙题诗

逯甲汤庙

逯甲汤庙位于次营镇逯甲村北朝圣山顶，坐北面南，一进院落，南北长 31.5 米，东西宽 21 米，占地 661 平方米，全部为村民在原址上重建。大殿面阔三间，进深五椽，硬山屋顶，门额书"汤皇大殿"。东西耳殿各三间，东西配殿各三间，倒座为戏台，台高 0.6 米，面阔三间，硬山屋顶。庙内现存石碑 3 块。

正殿

汤庙一角

舞台

南次营汤庙

　　南次营汤庙位于次营镇南次营村外西南山梁上，坐西朝东，大门西南向，南北为 19 米，东西为 24.5 米，占地 465.5 平方米，全部建筑均为新建一层房屋，硬山屋顶。庙中集中供奉尧、舜、禹、汤、龙王，当地人称为老五神尊。

　　南次营村为迎神赛社雩祭活动的发源地之一，具有浓郁地方特色的迎神赛社活动自康熙年间流传至今。

外貌

迎神赛社文

南大峪汤庙

南大峪汤庙位于东冶镇南大峪村北高岗之上。坐南朝北，一进院落。南北长 26.2 米，东西宽 22 米，建筑面积 576.4 平方米。创建年代不详。现存建筑为清代风格。中轴线上由南而北建有山门（上为倒座舞楼）、拜亭、正殿、耳殿、配殿、看楼、妆楼、钟鼓楼等。拜亭石柱有楹联一副："圣德日新道衍中天十六字，神功丕著泽流九有亿万年。"庙内有残碑 10 余通。

山门

拜亭

舞楼

拜亭局部旧照

柱础

拜亭台基石雕

秋川汤庙

　　秋川汤庙位于河北镇秋川村，一进院落，坐北朝南，占地 750 平方米。大殿建于石砌高台之上，面阔三间，进深五椽，悬山屋顶，覆灰片瓦。东西耳殿各三间。现存建筑为清代风格。

正殿

尚礼汤庙

尚礼汤庙位于演礼乡尚礼村西北，坐北面南，东西宽28米，南北长28.6米，占地800.8平方米。现存大殿、耳殿均已改建，悬山屋顶，覆灰筒瓦。存古碑一块。

正殿

碑记

斗拱

水头汤庙

　　水头汤庙位于横河镇水头村北，一进院落，坐北朝南，大门位于西南，占地 740 平方米。

　　大殿面阔三间，进深五椽，悬山屋顶，覆灰瓦。东西耳殿各三间。东西配殿各三间。倒座为戏台，面阔三间，进深四椽，悬山屋顶。无碑碣。

正殿

汤庙一角

舞台

山门

西南汤庙

　　西南汤庙位于固隆乡西南村北，坐北朝南，东西宽 20 米，南北长 41 米，占地 820 平方米。正殿面阔三间，进深四椽，悬山屋顶，覆灰筒瓦。舞台建于石台之上，面阔三间，进深四椽，悬山屋顶，覆灰筒瓦，顶棚有八卦装饰。现存古碑 4 块。

正殿

舞台

舞台顶部装饰

柱础

杨柏汤庙

　　杨柏汤庙位于河北镇杨柏村后杨柏庄。坐南朝北，一进式上下院。南北长 31.57 米，东西宽 20.5 米，占地面积 647 平方米。创建年代不详。现存建筑为清代风格。中轴线由北而南建有山门（上为倒座舞楼已改建）、正殿、耳殿、看楼、配殿等。正殿石砌台基，面宽三间，进深四椽，悬山顶，五檩前廊式构架，前檐改修。庙内存碑 7 通。

正殿

庄头汤庙

庄头汤庙位于次营镇庄头村，一进院落，坐北面南，大门西南向，占地945平方米。大殿面阔三间，进深五椽，悬山屋顶，覆灰瓦。东西耳殿各三间。倒座为戏台，面阔三间，进深四椽，悬山屋顶，东西各有乐台一座。无碑碣。

山门

舞楼

上义汤庙遗址

　　上义汤庙遗址位于次营镇上义村外西南方高岗之上，南与析城山遥遥相对，庙遗址东西宽31米，南北长47米，占地1457平方米。现庙已毁，仅剩残垣，存清碑3块。

建筑残垣

阳城汤庙

YANGCHENGTANGMIAO

石雕构件

观腰汤庙拜亭

　　观腰汤庙拜亭现存观腰村委院内，坐北面南，南北长27米，东西宽26.5米，占地715平方米。现存拜亭三间，进深四椽，悬山屋顶，黄色琉璃瓦覆顶。存清康熙二十年《殿腰重修成汤庙记》碑一块。平柱、边柱均为石柱，上刻楹联两副。平柱楹联为："网张四面解其三恩及禽兽，旱遇七年责以六泽沛桑林。"边柱楹联为："圣德恢弘执中尧舜统，神功浩荡六事圣贤心。"

拜亭全貌

网张四面解其三恩及禽兽

旱遇七年责以六泽沛桑林

石柱楹联

斗拱

柱础

出水汤庙

　　出水汤庙位于蟒河镇出水村西南河边汤王洞旁，仅有一座神龛，是阳城最小的汤庙。虽然貌不惊人，体量最小，但却是阳城历史较久远的汤庙之一。相传，商汤祷雨成功后，雨水顺山而下后潜入地下，到出水汤王洞后喷涌而出，至今未竭。当地人为纪念汤王祷雨之圣德，遂建庙祭祀，流传至今。

外貌

汤王庙

汤王洞

华树坪汤庙遗址

　　华树坪汤庙遗址位于砥柱山下的蟒河镇华树坪村，现仅存残垣，但仍有香火。存清碑3块，其中有"砥柱之巅古有汤庙"的重要历史信息。

残垣全貌

石雕门墩

重修碑记

后圪坨庙

后圪坨庙位于蟒河镇后圪坨村东南，坐北朝南，一进院落，南北长 28.8 米，东西宽 19.3 米，占地面积 556 平方米。创建年代不详，现存建筑正殿为明代风格，其余建筑为清代风格。中轴线由南至北依次建山门、正殿，两侧为妆楼，耳殿。正殿建于石砌台基之上，面宽三间，进深四椽，五檩前出廊构架，单檐悬山顶，柱头斗拱三踩单昂，平身科斗拱 3 组，门窗改制。庙内存石碣 1 方。

山门

正殿

王坪大庙正殿

　　王坪大庙正殿位于凤城镇王坪村村中，现存正殿及东西耳殿，坐北朝南，建筑面积83平方米。创建年代不详，现存为清代建筑风格。正殿石砌台基高0.4米，面宽三间，进深四椽，单檐悬山顶，顶铺灰板瓦，五檩前廊式构架，木质檐柱，柱头斗拱三踩单翘，明间施隔扇门，次间为直棂窗。

正殿

东冶汤庙

　　东冶汤庙位于东冶镇东冶村。庙已改修为学校。原正殿，面宽三间，悬山屋顶，覆灰筒瓦，背施琉璃。现存部分石柱、柱础和石碑 8 通放于村综合活动中心，其中金大定《汤王庙记》和清康熙《重修汤帝庙碑记》较为珍贵。

正殿旧照

金代碑记

固隆汤庙

固隆汤庙位于固隆乡固隆村中，坐北朝南，一进院落，规模较大，但大部分建筑已经改建，仅存戏台面阔三间，硬山屋顶，尚能看出原有风貌。无碑碣。

汤庙一角

舞台

柱础

刘西汤王殿

　　刘西汤王殿坐落于芹池镇刘西村北山梁上崔府君庙中，位于大殿西侧耳殿，面阔三间，进深四椽，悬山屋顶，覆灰筒瓦。

　　汤王殿所在的崔府君庙，坐北朝南，一进院落，分上下院，落差一米余，规模宏大。上院大殿面阔三间，进深四椽，悬山屋顶，覆灰色筒瓦，脊施琉璃。拜亭面阔三楹，进深三楹，单檐歇山顶，脊施琉璃，山花向前。东西耳殿、东西配殿各三间，悬山屋顶。下院东西为双层楼房，各五间，上为看楼，下为厢房，悬山屋顶，覆灰筒瓦。该庙砂石柱用量达四十余根，其中拜亭平柱柱础为狮子，边柱柱础为大象，均雕刻精美传神。

庙内一角

拜亭

阳城汤庙
YANGCHENGTANGMIAO

295

看楼

柱础

山门影壁

蟒河汤帝殿

　　蟒河汤帝殿位于蟒河镇蟒河村东，为近年重建。据古碑记载，原庙宇为一进三院三庙，自西向东分别为汤帝庙、玉皇庙、黄龙庙。重建时改为一进院，正殿和东西耳殿各三间，按原来方位布局，自西向东分别为汤帝殿、玉皇殿、黄龙殿，悬山顶，灰筒瓦，正脊、垂脊皆施琉璃、龙吻，三殿石柱皆为原庙旧柱，其中大殿平柱、边柱、金柱存有楹联3副。东西配殿各五间，亦为悬山顶，覆灰筒瓦，脊施琉璃。山门处庙宇正南，单檐歇山顶，脊施琉璃。门两边墙嵌黄色琉璃二龙戏珠图案。

　　现庙内保存有古钟1口、古碑7块。

山门外貌

汤帝玉皇黄龙三大殿

古钟

汤帝爷

商汤是尧、舜、禹之后的又一个圣君。汤灭夏桀而建商朝，登基不久，即遇连续五年的大旱。汤帝亲自到桑林之社祈雨，表示愿意代民受过，甚至不惜以己身为牺牲，感动了上天，征服了民心。帝感其诚，终于为大地普降甘露。

绝兰碑

相底汤庙

　　相底汤庙位于东冶镇相底村，坐北朝南，一进院落。现存正殿为清代风格，面阔三间，悬山屋顶，覆灰色片瓦。

柱础

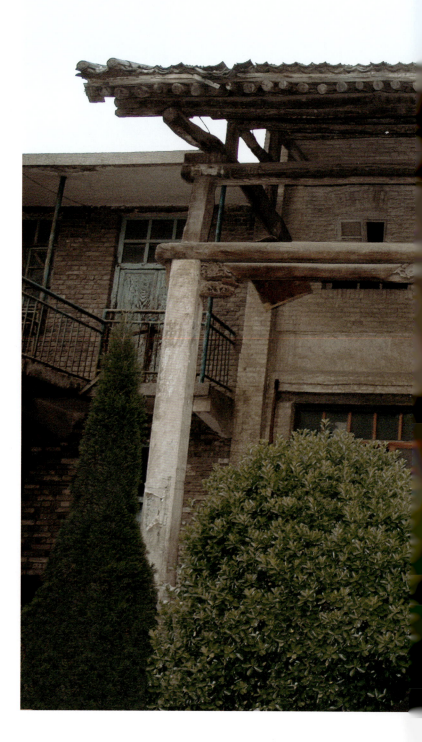

正殿

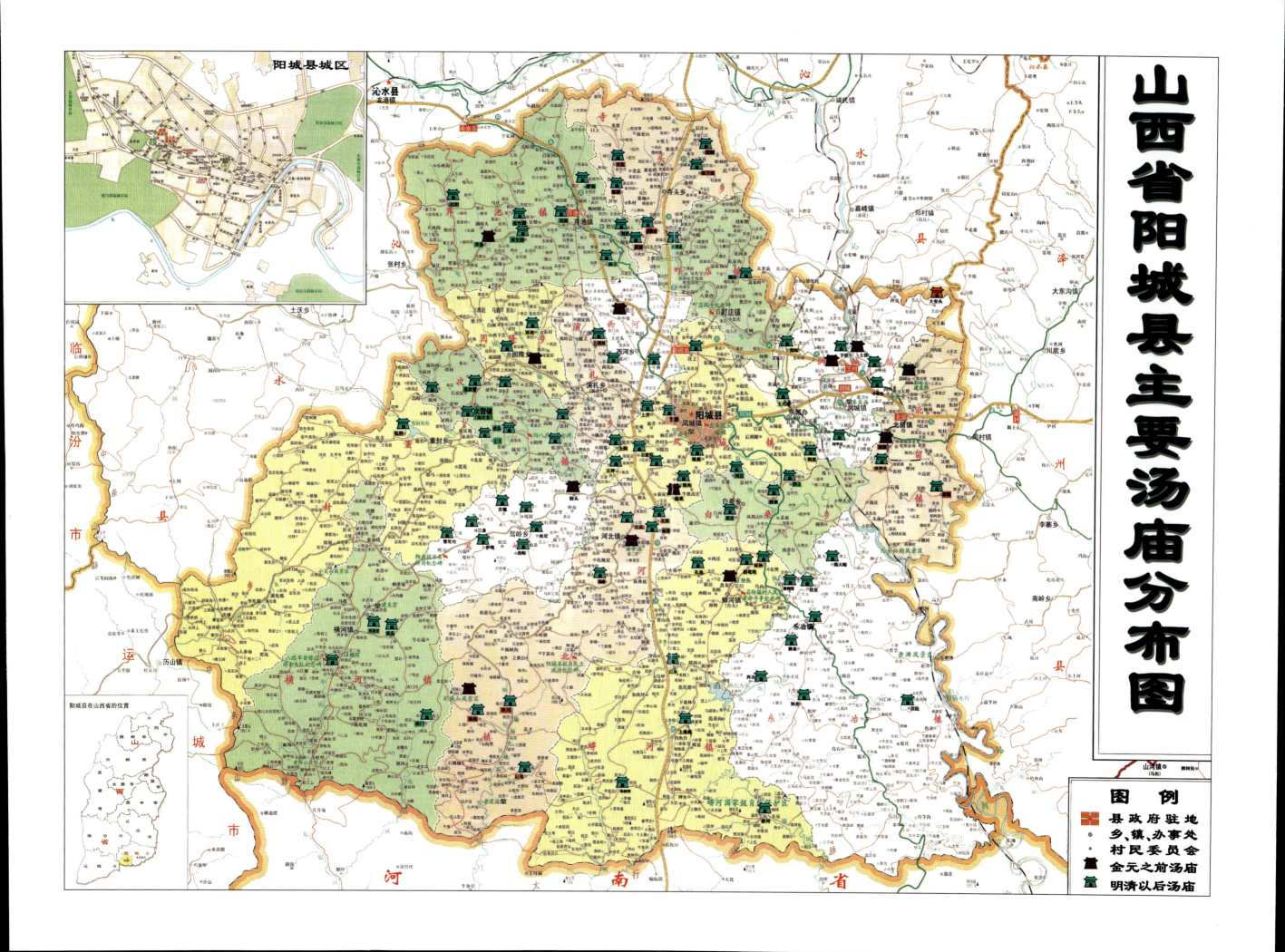

山西省阳城县主要汤庙分布图

阳城县城区

阳城县在山西省的位置

图例

县政府驻地
乡、镇、办事处
村民委员会
金元之前汤庙
明清以后汤庙